일기

흰 구름 길게 드리운 나라에서

일기
흰 구름 길게 드리운 나라에서

펴낸곳 서울대학교출판문화원
펴낸이 오연천
옮긴이 최권행

초판 1쇄 인쇄 2013년 11월 10일
초판 1쇄 발행 2013년 11월 15일
출판등록 제15-3호

주소 서울 관악구 관악로 1 우편번호 151-742
대표전화 02-880-5252, 팩스 02-888-4148
마케팅팀(주문상담) 02-889-4424, 02-880-7995
이메일 snubook@snu.ac.kr
홈페이지 www.snupress.com
영문홈페이지 eng.snupress.com

ISBN 978-89-521-1384-9 03860

일기

흰 구름
길게 드리운
나라에서

Au pays
du long
nuage blanc

샤를 쥘리에 지음
최권행 옮김

서울대학교출판문화원

한국 독자를 위한 서문

짤막한 서문을 쓰려는 생각으로 나는 당신이 지금 눈앞에 펼쳐든 책을 몰입해 다시 읽었다. 벌써 잊은 많은 것들이 거기 있는 것을 본다. 그리고 시간과 함께 우리 기억에서 사라져가는 삶의 순간들, 그것을 언어로 모아놓은 것이 일기임을 다시 한 번 생각하게 되었다. 쓴다는 것, 더욱이 일기를 쓴다는 것은 덧없음과 싸우는 것임을, 시간과 드잡이하는 것임을 알게 된다.

아주 젊은 시절부터 내게 또렷이 의식되었던 것은, 삶이 나날이 소멸해 간다는 사실, 우리가 체험하는 모든 것이 사라져 간다는 사실이었다. 그래서 잃고 싶지 않은 것들을 말 속에 모아둘 필요성이 절실하게 느껴졌다. 이 끊임없는 투쟁이 무의미한 것임을 나는 안다. 죽음은 늘 승자가 아니던가. 그러나 내 삶 전체는 줄곧 이 싸움에 바쳐졌다.

이 글을 출간한다는 것은 그것을 함께 나누고 싶다는 것이다. 이 글을 읽는 사람들은 이런저런 부분에서 어쩌다가 자기의 모습을 알아보게 될지 모른다. 그것은 자신을 더 잘 알고, 자기가 누구인지를 더 분명히 의식하게 도와줄 수도 있으리라. 그리고 그들이 살아가며 체험하는 것이 무엇인지에 대해서도. 그렇다면 시간이 밤에 내다 버리는 것들을 건져내려는 이 시도가 완전히 무익한 일은 아니었으리라. 적어도 그렇게 되기를 나는 희망한다.

이 작품을 옮기는 일에 최권행 선생이 많은 공을 들인 것을 알고 있다. 고마운 마음과 나의 우정을 전한다.

2013. 9. 12.
샤를 쥘리에

옮긴이 서문

샤를 쥘리에는 자전적 소설이라고 할 수 있는《누더기》와 《눈뜰 무렵》, 단편집《가을 기다림》으로 한국 독자에게 알려진 작가이다.

태어나자마자 농촌 가정에 입양되었던 그는 여덟 살 때 자신의 '진짜 엄마'가 따로 있으며 그분이 방금 돌아가셨다는 말을 '엄마'에게서 듣는다. 그리고 다음날 장례식에서 그 '진짜 엄마'의 관 위로 흙이 덮히는 소리를 듣는다. 그의 평생을 지배하는 기억, 양모와 생모의 기억에 바치는 책이《누더기》라는 작품이다. 같은 해 그는 가난한 농촌 아이들을 직업군인으로 교육시키는 소년군사학교에 들어가 미성년기를 보내게 된다. 삶에 입문하는 과정이었던 이 시기의 혼돈과 억압, 저항과 연대, 내밀한 사랑의 이야기는《눈뜰 무렵》에 표현되어 뒤늦게 문단에 들어선 그의 출세작이 된다. 많은 중단편과 희곡, 시, 특히 미술평론 등을 써오고 있으나 그가 가장 심혈을 기울이는 작품으로 알려진 것은 현재 7권까지 간행된 그의《일기》연작이며, 2004년 뉴질랜드에 초대작가로 머무르던 시기의 기록이 바로 이 책《일기: 흰 구름 길게 드리운 나라에서》이다.

약 5개월의 체류 기간 동안 자신의 경험과 사색을 기록한 이 책은 '특별한 나라' 뉴질랜드에 대한 호기심 어린 이방인의 시선을 한 축으로 하고, 인간 세상에 대한 관찰자의 성찰을 또다른 축으로 하면서, 일상의 파편들이 어떻게 한 편의 인상적인 삶의 풍경화가 되는지를 보여주고 있다. 꽃과 햇빛과 눈부신 대양의 풍경, 강인한 사람들의 건강한 문화, 유머와 축제의 사이사이, 이유를 알 수 없는 슬픔으로 방랑하는 젊은이, 겨울이면 노동 끝에 얼어붙은 몸으로 돌아와 아들 뒤에서 울고 있던 프랑스의 알제리 이주노동자, 이상을 좇는 삶 속에서 비극적 운명으로 빠져들어간 뉴질랜드 엘리트 청년들의 이야기들이 나타난다.

일기라고 하더라도 그것은 작가가 의도적으로 혹은 무의식적으로 기록할 만한 의미가 있는 것들을 선택한 결과이다. 줘리에의 선택은 아마도 '연민의 상상력'이라고 부를 만한 특별한 시선이 포착하는 것으로서, 이 시선은 고통 속에 있는 사람들의 모습 안에서 인간 삶의 본질적 조건을 느낀다. 지진계가 매시간 무수한 미진을 기록하고 있다는 뉴질랜드는 바로 인간 삶의 조건에 대한 상징이 되는 것이다.

그에게 중요한 것은 이 과정 속에서 개인이 자아의 굴레를 벗고, 그 무엇에도 구애받지 않는 해방된 순수의식으로 고양되는 일이다. 그의 삶 역시 불안과 우울, 좌절을 통과해 오는 과정이었다. 유년기의 체험에서부터 시작되었을 정신적 어둠에 시달리면서도 글쓰기를 통해 이 해방의 상태에 도달한 작가는 고통이 자아를 해체하고 온전한 평화에 이르는 길을 보여줄 수 있다는 것, 어둠이 빛으로 가는 유일한 통로일 수 있다는 삶의 신비를 전하려고 한다. 뉴질랜드를 떠나며 작가가 이 나라에 드리는 축원은 삶의 비극성을 뚫고 빛으로 나서라는, 우리 모두에 대한 축원이 되는 것이다.

문학이 우리 삶의 구체적 문제와 멀어져가고 섬세한 지적 성찰에 가까워지면서 독자층 또한 협소해지고 있는 현대 프랑스 문학계에서, 오직 구체적 삶에 대해서만 그리고 그것을 해방된 자아에 대한 구도자적 관심에 의해서 이야기하는 쥘리에는 삶의 밀도와 문학적 밀도를 동시에 성취한 작가로서 많은 독자들의 공감을 얻고 있다. 그는 어떤 문학 운동이나 경향에 휩쓸린 적이 없으며 시종일관 단순하고 명징한 문체로 삶을 꿰뚫어 보고 기록하는 작가라는 평가를 받고 있다. 그의 작품은 프랑스와 벨기에 등에서 고등학교 교재로 쓰이고 있으며, 갈리마르 출판사에서 간행하는 작품 해설서 총서인 '폴리오 플뤼스(folio plus)'에 르 클레지오를 제외하고 현존 작가로는 유일하게 다루어지고 있다. 고향마을의 초등학교는 이름을 최근 '샤를 쥘리에 학교'로 바꾸기도 하였다.

과문한 탓이겠지만 현대 한국에서 일기는 그다지 중요하게 다루어지는 문학형식이 아닐 듯하다. 무엇보다도 식민체제와 한국전쟁, 분단체제와 군사독재의 시기를 거치면서 생각하는 자유를 전제로 하는 개인의 총체적 진실을 기록한다는 것도, 드러내어 공유한다는 것도 어려운 일이었을 것이다. 작가의 말처럼, 나날의 삶을 기록한다는 것은 망각 속으로 흩어지는 삶을 그 무의미함에서 건져내는 작업이리라. 하루하루 끝없이 밀려들며 쓸어나가는 시간의 파도 앞에서 자기 삶의 모습을 보존하고 그 의미를 짓기 위해 둑을 쌓는 작업이 일기라고 생각해볼 수도 있겠다. 문학작품으로서의 일기는 작가와 독자 사이의 가장 허물없는 대화가 될 것이다. 우리는 일상의 갖가지 일을 놓고 그가 전해 주는 이야기를 때로는 공감하고, 때로는 위로받으며 읽게 된다. 삶에 대한 성찰의 자리로서 일기는 특히 청년들에게는 세계에 대한 판단력을 키우고 자기 문체를 연마하는 수련장이기도 하니, 27세 때부터 50년 이상 한결같은 호흡으로 일기를 써온 작가의 모습을 우리 독자들도 귀하게 맞아줄 것이다.

현대문학 번역작품을 간행하지 않던 서울대학교출판문화원에서 일기문학의 하나인 샤를 쥘리에의《일기》를 소개하기로 한 것은 바로 일기를 통해 자기 삶의 '밀도'를 생각하는 문화를 북돋우려는 것이라고 생각한다.

부족한 원고를 읽고 조언해준 벗들, 편집과정에서 노고를 아끼지 않은 편집팀 담당자께 마음의 빚을 졌다. 깊이 감사드린다.

2013. 10. 22. 옮긴이

일러두기

1. 본문에 실린 사진(25, 88, 148쪽 제외)은 작가 샤를 쥘리에와 그의 아내 마리-루이즈가 뉴질랜드 체류 시 직접 찍은 것이며, 이 책의 출판을 위해 제공해 주었다.
2. 본문의 각주는 독자의 이해를 돕기 위해 옮긴이가 붙인 것이다.

9세기경 폴리네시아에서 건너온 마오리족은,
그로부터 900년 뒤에 '뉴질랜드'라는 이름을 갖게 될
두 개의 섬 중 하나를 발견했던 모양이다.
전해오는 이야기에 따르면,
고향으로 돌아간 그들은 이 섬을
'흰 구름 길게 드리운 나라'라고 불렀다고 한다.

2003년 8월 9일

어제 아침 24시간의 비행 끝에 오클랜드에 도착하다. 리옹 집에서 출발하여 공항에서 기다리고, 다시 프랑크푸르트-싱가포르-오클랜드로 갈아타며 오는 전체 여정은 근 이틀이 소요되었다. 맑은 햇빛 아래 봄날 같은 따스함, 그 속에서 대기를 들이쉴 수 있는 것은 멋진 일이다. 피곤한 여행, 시차로 인해 피로는 가중되었다. 네 시간을 기다린 뒤 웰링턴행 비행기를 탔다. 한 시간 뒤 착륙. 폴롱소 부부와 '렌덜 작가 후원회'의 피오나 키드먼 여사가 마중 나와 있었다. 당연한 일이지만, 이렇듯 따뜻한 대접을 받는 것은 즐거운 일이 아닐 수 없다. 오후에는 장 마르크 필립의 안내로 시내를 구경했다. 언덕 위 식물원에 올라서니 도시 전체가 한눈에 들어오고 언덕과 산으로 둘러싸인 긴 만이 아름다웠다. 시내를 산책하다. 4시가 넘은 토요일 오후. 상점들은 문을 닫았고 길은 어디나 텅 비어 있었다. 주택과 건물, 고층빌딩은 외관이나 색깔, 재료, 그리고 형태며 높이까지 전혀 통일성이 없다. 그런데 통

일성이 있다고 한들, 그것이 더 나은 것일지? 오후 늦게 차편을 통해 빅토리아 언덕 위로 갔다. 언덕 끝은 삐죽 나온 곶으로 이어져 도시를 마주보고 있다. 광대한 만. 검푸른 빛의 바다. 여기저기 사방에서 등불이 켜지기 시작하였다. 높은 건물들이 늘어서 있는 모습은 미국의 도시를 연상시킨다. 나와 이 공간과의 짧은 첫 만남. 더 자세히 알고 싶은 호기심에 마음이 설렌다.

8월 10일

뉴질랜드처럼 먼 나라에 와 있으면, 집에서 아득히 떨어져 있다는 느낌은 어쩔 수 없다. 그러니 도착한 지 이틀째인 이번 일요일, 폴롱소 씨 부부 댁, 점심 식사 때의 따뜻한 배려는 마냥 기분 좋은 일이었다. 뿌리를 옮긴 지 얼마 안 된 우리가 너무 '얼얼한' 느낌이 들지 않게 도와주었다. [이 단어 '얼얼하다(dévariés)'는 세벤 지방에서 알게 된 것인데, 공식 프랑스어로 받아들여야 할 것이다. 장시간 여행 끝에 기차나 비행기에서 내리는 순간 몸이나 마음이 편찮아지는 것을 뜻한다.]

8월 11일

사람들 말로는 여행의 피로가 풀리고 시차에 적응하는 데 열흘쯤 걸린다고 한다. 그 먼 거리를 그렇게 빨리 올 수 있었던 우리에 비해, 19세기에 처음 이곳으로 건너온 사람들은 어땠을까 생각해 본다. 대부분 영국인, 스코틀랜드인, 아일랜드인이었던 그들은 대여섯 달 걸리는 오랜 항해를 견딘 뒤에야 육지에 발을 디딜 수 있었다. 배 안의 조건이야 말할 수 없이 힘든 것이었지만, 피로에서 회복할 시간도, 더러는 기진맥진한 몸을 잠시 추스릴 여유도 없이 곧장 몸을 일으켜 일을 시작해야 했던 것이다.

그 사람들을 생각하면—혹은 캐나다로 이민을 갔던 내 형제들이 암스테르담에서 퀘벡으로 가던 그 끔찍한 항해에 대해 이야기하던 것을 생각하면—지금 우리가 누리는 혜택이 얼마나 큰지를 짐작할 수 있다. 근대의 여행객인 우리는 수천 킬로미터 거리를 단 몇 시간 만에 건너온 것이다.

8월 13일

우리가 머무는 작은 별장은 주택가에 있다. 밝은 색 페인트를 칠한 멋진 목조주택들이 들어서 있다. 커다란 통유리 창을 하고 있는데, 놀라운 것은 방범장치라거나 덧창이 어디에도 보이지 않는다는 사실.

별장으로 가려면 경사가 급한 길을 올라야 한다. 20미터 위로는 깎아지른 언덕에 닿는데 관목들이 나오고 다시 전나무들이 이어지다가 막다른 길이 된다.

현관 옆 안내판에는 1867년에 완공되었다고 쓰여 있다. 이 구역에서 가장 오래된 가옥 중 하나다. 쪽문 곁 또 다른 동판에는 그런 이유로 이 집이 기념물로 지정되었다고 밝히고 있다. 역사가 길지 않은 이 나라에서는 과거에 속하는 모든 것이 조심스레 보존되고 존중된다.

별로 넓지 않은 단층집이다. 복도와 부엌, 침실 두 개에 욕실 하나가 있고, 작은 식당방과 거실은 문 없이 연결된다. 집 정면으로 삐죽 내민 거실은 바깥쪽으로 향한 유리 출입문과 두 개의 커다란 내리닫이 창으로 빛이 들어온다. 나는 그중 한 창 앞에 책상을 갖다 놓았다.

새로 수리한 목조 건물. 멋진 마룻바닥. 양탄자와 이중 커튼. 낮은 천장들. 방은 어디나 이중물매로 되어 있어 어딘지 편안한 느낌을 주었다. 별로 어렵지 않게 적응할 수 있으리라 여겨지는 이유도, 집이 무척 마음에 들었기 때문이다.

집 삼면을 오솔길이 둘러싸고 그 주위로 꽃과 관목으로 덮인 작은 공간이 펼쳐진다. 통행로 쪽으로는 울타리가, 두 번째 면은 아랫집의 판잣담이, 세 번째 면은 생울타리가 이 공간을 에워싸고 있다.

석도*가 그의 책에서 이야기하는 '일필휘지'. 이 말을 어떻게 이해해야 좋을지 알 수가 없다. 그러나 그게 뭐 중요하랴. 내가 작가로서 글을 쓰기 시작할 때 도달하고 싶었던 것도, 다른 모든 것을 배제한 '단 하나뿐일 시(詩)'였다. 불가능한 것임을 알고 있었지만, 그 욕구는 오랫동안 나를 따라다녔다. 한편으로 생각하면 그 욕망의 궁극점은, 모든 시가 요구하는 바로 그것 즉 생략, 절제, 간결함에 이르는 것이다. 극단에 가서는, 생략에 생략을 거듭하여 어떤 핵을 만들 수 있기를,

---

* 石濤. 17~18세기 중국 화가이자 회화이론가.

내가 해야 할 말을 밀도 높은 구체 안에 압축시킬 수 있을 그 무엇을 다듬어 내고 싶었으리라. 좀 더 밀고 나감으로써 아마 모든 언어를 초월하는 그 말을 찾아낼 수 있었을지도 모른다.

8월 14일

이곳 웰링턴은 지각 단층 위에 자리잡고 있다. 지난 한 해만 하더라도 지진관측기가 약 5만 5천 번의 진동을 기록했다고 한다. 직접 느끼는 경우는 거의 없지만 쉬지 않고 땅이 흔들리고 있는 셈이다. 정말 지진이 일어난다면 어떤 일이 벌어질까?

오전에 작가 캐서린 맨스필드의 생가 기념관을 방문했다. 몇몇 나라 대사관 직원 부인들과 함께 갔는데 마침 바로 부근이었다. 그녀가 네 살일 때 그녀 가족은 이 집을 떠났던 모양이다. 도시를 떠난 몇 해 후 다시 돌아왔을 때는 고속도로를 뚫느라 집이 완전히 사라진 상태였다. 그들이 마지막으로 머문 집터에는 현재 미국 대사관저가 들어서 있다.

생가에서 보고 온 것은 흥미로웠다. 가구며 잡동사니 물건들, 장난감, 사진들을 보니 그녀의 어린 시절이 어떠했을지 그려볼 수 있었다. 비좁은 방들. 인습적이고 숨막혔을 가족의 세계. 나중에 그녀가 가족을 벗어나려 한 이유를 알 것 같다.

최근 며칠 그녀가 쓴 편지들을 읽고 있다. 얼마나 매력적인 여성인가. 그 감수성, 삶과 문학과 자연과 꽃과 식물을 향한 그 열정, 고독. 결핵과의 싸움, 각혈을 하는 순간의 공포.

서너 해 전, 그녀의 모국을 찾게 되리라고는 생각지도 못하고 있던 때, 그녀가 내게 얼마나 소중한 작가인지 길지 않은 글로 정리한 적이 있다. 또 한 번은 그녀를 향해 편지를 쓰기도 했다. 생가를 다녀온 후 그녀에 대한 나의 따뜻한 마음이 되살아와, 그때 적은 두 개의 글을 여기 옮겨놓아도 좋겠다.

우리는 종종 어떤 작가들에 대해 깊은 우정을 느끼게 되는 일이 있다. 그 우정은 여러 해 지속되기도 하고, 혹은 생애 내내 우리와 동반하기도 한다. 우리 내면이 찾고 있던 것을 바로 그들이 말해줄 수 있었을 때, 우리는 그야말로 그런 작가들을 발견하게 되는 것이다. 독서하는 동안 그들의 어떤 글귀들은 더러 우리 안에 새겨져, 우리의 의지처가 되고, 생각의 방향을 정해주며, 우리 내면의 삶을 살찌우기도 한다……. 대부분 이 세상에 없는 사람들이기 때문에 결코 사귀게 될 기회가 없을 이들 작가들, 우리는 그들을 우리 곁의 소중한 사람들의 경우처럼 똑같은 애정으로 사랑하게 된다. 그들은 우리 안, 가장 내밀한 곳에 살고 있으며, 그들과 이야기를 나누는 일도 자주 생긴다. 내게는 캐서린 맨스필드가 그런 사람들 중 하나다.

그녀가 쓴 편지들 가운데 당시 내가 옮겨 적은 몇몇 구절들이다.

– 삶에 성실할 때 나는 예술에도 성실할 수 있다. 삶에의 성실성이란 선함과 진실함, 단순함과 올곧음이다.

– 인간의 고통에는 끝이 없다.

– 고통을 통하지 않고서야 어떤 방법으로 인식에, 또한 사랑에 이를 수 있겠는가!

– 나는 계산하지 않고 주고 싶다.

– 순종해야 한다. 저항하지 마라. (고통을) 받아들여라. 네가 그 안에 온통 잠기게 놔둬라. 그것을 네 삶의 일부로 만들어라. 우리가 생으로부터 받아 든 것은 무엇이나 변모의 과정을 겪는다. 그렇게 해서 고통이 사랑으로 변하는 것이다. 거기 신비가 있다. 그것이 내가 해야 할 일이다. 개인적 사랑에서 더욱 큰 사랑으로 나아가는 것. 단 한 사람에게 주는 것을 삶의 모든 것에 주어야 한다.

– 무엇 때문에 사랑해야 하는가? 알 수 없다, 그것은 신비이다. 그러나 사랑이란 마치 빛과도 같은 것. 나는 그 빛 속에서만 사물을 선명하게 바라볼 수 있다.

– 삶의 찬란함은 피해갈 도리가 없다.

캐서린 맨스필드에게 보내는 편지

밤이다. 몸은 녹초인데도 당신은 잠들지 못한다. 어제는 각혈을 했고 이제 죽음을 생각해보지 않을 수가 없다. 당신은 이제 절망을 넘어선 곳에, 두려움도 넘어선 지점에 있다.

마지막이 가까워 오고 있는 것이 느껴지는 지금, 당신은 마지막 힘을 모아, 몇 페이지를 더, 가능하면 한두 편의 단편소설을 더 써놓고 가려고 애쓴다. 글을 써야만 한다는, 더욱 절박해지는 생각은 생의 의욕을 더 강하게 하며, 마지막 숨을 내쉴 때까지 맞서 싸우려는 의지를 더 단단하게 하지만, 동시에 그것은 당신의 기운을 소진시킨다.

말의 기적, 문학의 기적이여! 당신이 사라진 지 수십 년인데, 당신이 남겨놓은 소설집들과 여러 권의 서한집은 우리를 향해 아직도 삶에 관해 이야기하고, 우리 가운데 당신이 현존하게 한다. 그러나 서른넷에 죽은 당신은 창작에 몰두할 시간을 미처 다 갖지 못하여 당신의 책은 서가의 한 귀퉁이를 겨우 차지하고 있을 뿐이다. 그러나 글을 쓰는 동안 줄곧 당신은 무엇보다도 진실하고자 노력하였다. 진실한 언어에는 마르지 않는 기운이 늘 흐르는 까닭에, 당신은 당신을 존경하는 이들이 늘 가까이 가고 싶어하는 동반자가 되었다.

당신의 책을 꺼내 몇 쪽을 다시 읽고 난 나는, 아직 잠들지 못하고 있는 당신과 이 늦은 시간에 만난다. 앙상해진 당신의 몸. 여윈 얼굴. 눈가의 거무스레한 그늘. 당신의 깊은 눈길. 오랫동안 몸을 뒤흔들어 놓는 마른기침, 당신은 펜을 내려놓아야 한다. 당신 아버지와 누이들은 저 멀리 뉴질랜드에 살고 있고, 당신이 사랑하는 그 사람 또한 먼 런던에 살고 있는 동안, 당신은 혼자서 이 비극을 감당해 간다. 프랑스 남부의 기후가 폐결핵 환자들에게 도움이 된다고들 생각했던 때라 당신은 마지막 몇 해를 남불의 망통, 방돌 등지에서 보내게 되었다. 하숙집이건 그냥 셋집이건 어디서나 당신은 완벽한 고독 속에 있었던 것이다. 아직 젊었던 당신, 그래서 삶을 너무나 사랑했던 당신, 그 가장 사소한 표현일지라도 삶의 모습 하나하나를 음미하던 당신, 힘이 빠져나가고 피할 수 없이 최후를 향해 자신이 미끌어져 간다고 느끼던 그 여러 날 여러 밤 동안 당신이 겪어야 했을 고통은 얼마나 두려운 것이었으랴!

(…)

조국 뉴질랜드를 떠나기로 결심하고 영국으로 건너온 당신은 불안정하고 혼란스러운 몇 해를 보냈다. 생계가 막연하였던 당신은 당신 앞에 놓여 있으나 당신을 그저 혼란스럽게만 하는 세계 안에서 몸부림칠 수밖에 없었다. 아마도 생명력의 충동을 제대로 제어하지 못했던 당신은 갖가지 고통스런 체험을 하게 된다. 거기에 더하여 당신에게 지울 수 없는 흔적을 남긴 두 사람의 죽음. 사랑하던 남동생은 1차 세계대전이 일어난 지 몇 달 되지 않아 행방불명되었고, 아무런 조짐도 없이 어느 날 갑자기 쓰러진 당신 어머니는 다시는 돌아올 수 없는 몸이 되었다. 그 뒤 결핵에 걸린 당신은 도망치듯 프랑스로 떠났으니, 글을 써야 한다는 절박함은 더 강렬한 것이 되었다. 이런 여러 가지 상황은 이제 당신을 예전의 당신과 전혀 다른 존재로 변모시킬 참이었다. 당신이라는 존재를 만들어가는 이 고통은 당신을 침식하고 벼리고 정화하여 달이 갈수록 해가 갈수록 당신은 자신의 뿌리를 깊이 내리면서 서서히 변모해 갔다. 당신의 편지들, 일기에 실린 메모들을 보면 당신이 중심을 잡아가고, 성장해 가며, 갈수록 더 강렬한 빛을 내뿜는 것을 느낄 수 있다. 당신은 당신 스스로 썼던 것, "고통은 빛으로 바뀌어야 한다"는 말을 정확히 삶 속에 구현하고 있었다.

8월 15일

뉴질랜드인들은 다른 나라 사람들과 유전자가 다른 것일까? 그럴 것 같다는 생각이 든다. 이곳에서 비가 오고 강풍이 몰아치는 겨울이 시작되면, 날씨가 포근하다는 말은 나오기가 어려우리라. 그런데 길을 나가 보면 비옷 입은 사람도 외투를 걸친 사람도 없다. 심지어 반바지에 맨살을 드러내놓고 다니는가 하면, 미니스커트에 어깨며 배꼽을 다 드러낸 처녀들도 만나게 된다. 입이 딱 벌어진다. 또 다른 유별난 점 하나. 길거리를 신발도 없이 맨발로 다니는 사람이 자주 보인다.

엘자와 함께 테 파파 박물관에 들르다. 1998년에 개관한 이 멋진 곳은 바닷가에 세워졌다. 미래주의 건축양식, 방대한 공간들, 엄청난 규모의 조각품들—조각된 긴 배, 수많은 모티브로 장식된 가옥. 이들 마오리족의 작품은 진짜 보물이라고 할 만하다. 눈앞에 보고 있는 것을 내 안에 받아들일 수가 없었다. 내 내면의 공간은 아직도 평정을 되찾지 못하고 있다.

8월 16일 토요일

내 어두운 시절의 종말을 뜻하던 1973년 8월 16일을 아직도 생생히 기억한다. 그날 나는 내 최초의 책인 《단장(斷章)》

의 교정본을 받았다. 어두운 굴 속에서 불안으로 지쳐가던 나를 세상으로 꺼내준 조르주 알다스*에 대한 감사의 마음.

여기 온 뒤 처음으로 웨스트펙 경기장에서 럭비 시합을 구경했다. 바다 부근에 위치한, 지어진 지 몇 해 안 되는 경기장은 우아한 모습의 타원형 구조로 된 아주 멋진 곳이었다. 금속 재질의 좌석은 선명한 노란 빛. 빽빽한 잔디는—여기서는 물을 줄 필요가 전혀 없다!—잘 깎여 있고, 나는 그걸 밟을 때의 기분 좋은 촉감을 상상해 보았다.

햇빛이 환하게 내리쬐었지만 차가운 바람도 불어서, 움직이지 않고 가만히 있노라면 꽤 춥게 느껴졌다. 적어도 내가 느끼기에는 그랬다. 사람들이 별로 옷을 걸치지 않은 모습을 보면, 내 주변에 앉은 뉴질랜드 사람들은 뭐가 그리 추우냐고 이야기할지도 모르겠다.

경기 전 15분 정도, 아주 어린 사내애들이—대여섯 살에서 열 혹은 열한 살 정도의 아이들인데 그중에는 한두 명 여자애도 있어서 놀랐다—경기장 몇 군데 귀퉁이에서 짧은 경기를 치렀다. 물론 땅바닥에 엎드리는 정도로 심하게 하는 것은 아니었다. 그저 손이나 팔로 상대편이 전진하지 못하게 막는 식이었다. 어떤 아이들은 멋진 모습을 보여주기도 하고 스크럼 태세로 공을 뒤쪽으로 차기도 하며 짐짓 공을 건넬 듯 속이는 자세를 취하기도 했다. 운동을 계속한 아이들은 스무

---

* Georges Haldas(1917~). 프랑스어권 스위스 태생의 작가, 시인, 번역가.

살이 되면 이미 경험이 풍부한 선수가 되어 있을 것이다. 그러니 아주 오래전부터 이 나라 국가대표팀이 천하무적이라고 알려진 이유를 알 만하다.

시합은 오후 2시 반, 점심이 끝나고 외출하는 시간이다. 그런데도 적잖은 사람들이 먹을 것과 맥주 혹은 코카콜라 병을 손에 들고 자리에 앉아있는 것에 나는 충격을 받았다. 럭비 시합을 관람할 때는 운동장을 지켜보는 것 말고는 다른 어떤 일도 해서는 안 된다는 식의 엄격주의를 내가 고집하는 것일까? 어쩌면 그럴지도 모르겠다. 우스꽝스러운 생각 아닌가!

웰링턴의 '사자들'이 사우스랜드 선발 팀과 맞붙는 이 경기는 비중이 큰 시합이다. 사람들의 관심이 많고 몇몇 텔레비전에서 생중계를 하기도 하는데 대도시의 팀들과 여러 지역의 선발팀들이 맞붙는다.

경기가 시작되기 전 헬리콥터 한 대가 경기장에 착륙했다. 지역 대표팀을 상징하는 사자로 분장한 사람을 따라 어린아이가 내리더니, 경기장 중앙에 공을 갖다 놓았다.

막상막하의 시합은 별다른 사고 없이 흘러갔다. 서른 명 선수들 중 어느 누구도 반칙을 범하지는 않았지만 태클은 강렬했다. 매너도 흠잡을 데 없었으며, 어느 누구도 판정에 이의를 제기하지 않았다.

웰링턴 팀의 선수 두 명, 후위와 중앙은 빼어나 보였다. 두 사람 다 마오리족 출신이다.

추워서 힘들긴 했지만 경기를 관람하는 것은 아주 즐거웠다.

어떤 사람들은 내가 몰두해서 하는 일이 있으면서도 럭

비에 특별히 관심을 갖는 것을 의아해할 것이다. 그러나 놀랄 일은 아니다. 내가 럭비에 대해 가진 관심은 글쓰기에 대한 나의 전심전력과 같은 수준에 놓을 일은 물론 아니다. 작가의 길을 가던 처음 몇 해 동안, 나는 세상과 멀리 떨어져 철저한 몰입 속에서 살았다. 그러던 어느 날, 이렇게 지나치게 자기 자신에 갇혀 살다가는 황폐해지고 말리라는 사실을 깨닫게 되었다. 정말 다행인 것이, 그 후로 조금씩 내 시야를 넓힐 수 있게 되었고 삶과 삶의 여러 표현에 눈을 뜨게 되었다. 럭비나 운동 일반에 대한 나의 관심은 외부 세계를 향해 내가 열어놓은 내 마음의 창들 중 하나인 것이다.

8월 19일

우체국을 찾으러 다니다. 잡지며 책, 향수 등을 파는 가게 안쪽이 우체국이었다……. 우체국 업무를 맡은 여자는 봉투나 소포상자를 받아 무게를 달고 우표를 붙일 뿐 자기가 처리하는 것이 아니었다. 사람들이 자기 소포를 다시 밖으로 가지고 나가 길가 우체통에 집어넣는 것이다.

상점 안 우체국은 올 봄 몬트리올에서도 비슷한 것을 본 적이 있어서 별로 놀라지는 않았다.

8월 20일

도착한 뒤로 근 스무 날 동안, 비바람 불 때 말고는 날씨가 온화한 편이다. 햇볕이 쨍쨍한 거의 봄 날씨 가까운 날들이 계속되었다.

여기서는 날씨가 시시각각 변하고, 하루에 사계절을 다 체험하는 수도 있다.

내가 여기에 온 이유는 무엇인가? 솔직히 말해서 나 스스로에게 그것을 물어본 적은 없다. 생각해 보면, 아마도 새로운 얼굴들, 새로운 만남을 향해 나아가고 싶어서, 내가 전혀 모르고 있던 나라를 발견하고 싶어서일 것이다.

8월 21일

금년 가을 갈르리 드 프랑스에 전시될 외젠 르루아*의 채색벽지에 대한 글을 오늘 쓰기 시작했다.

8월 22일

집 앞 길을 따라 내려가다가 찻길을 건너 가파른 언덕을 오르면 식물원이 보인다. 이 도시의 구경거리 중 하나다. 겨울철인데도 어디나 꽃이 피어있는 것이 놀랍다. 동백, 붉고 탐스런 철쭉. 미모사는 노란 빛깔 커다란 꽃을 둥글게 활짝 피워 놓았다. 엄청나게 큰 고사리들. 아마도 이삼백 년은 족히 될 거목들. 그 어마어마한 가지들. 깊은 틈이 여기저기 벌

* Eugène Leroy(1910~2000). 프랑스 화가. 그리스어와 라틴어 교사이기도 했다.

어진 두꺼운 나무껍질. 아무리 보아도 싫증이 나지 않는, 경이로움 그 자체였다.

조각 작품도 여러 점 있었다. 그중 커다란 작품 하나는 경사진 풀밭 위 평평한 곳에 잘 배치되어 있었다. 작품 뒤쪽으로 다가가면서 작가가 헨리 무어의 영향을 받았으리라 싶었다. 아니나 다를까, 서명을 보니 다름 아닌 무어였다. 그러나 내 생각에 이 청동 조각품은 그가 만든 최상급 작품에 속하지는 않았다.

8월 23일

하늘에 구멍이라도 뚫린 듯 엄청난 빗줄기가 지붕을 두드리고 있다. 밤이고 낮이고 이따금 격렬해지는 돌풍은 잦아들다가 다시 웅웅거리기를 되풀이한다. 저 먼 어린 시절의 기억이 되살아난다.

그때의 겨울은 혹독하게 추웠고 가을은 줄창 비만 내렸다. 부엌 바로 앞, 10미터가 채 안 되는 곳에 헛간이 있었는데, 출입구는 반대편이었고 위에는 다락방이 얹혀 있었다. 다락방 처마에는 2~3미터 정도 길이로 철사에 매단 옥수수 이삭들이 걸려 있었는데, 물받이 홈통에 난 구멍 때문에, 지붕에 떨어진 빗물은 모조리 이 구멍으로 흘러내렸다. 굵은 철사를 엮어 만든 하수구 뚜껑 위로 빗물이 내리치면 들리던 그 날카로운 소리. 몇 날 며칠이고 밤낮으로 쉬지 않고 들렸다. 결코 멈출 것 같지 않을 듯 내리던 비, 창에 머리를 기댄 채 그것을 바라보고 있던 내게 무료한 시간은 끝날 줄 모르고 오래 지속되었다.

부엌 문 맞은편으로 서너 걸음 지나 지하실 문이 있었고 그 문을 열면 지하창고가 나타났다. 매일 저녁 그 밑으로 내려갈 때마다 나는 공포로 몸이 굳었다. 그 문 위에는 컴컴한 곳간 쪽으로 구멍이 뚫려 있었는데, 지하실 문만큼 무섭지는 않았다. 어느 날 나를 붙잡으러 와서 내 목을 조를, 아이 훔치는 도둑이 저 작은 구멍으로 들어올 리는 없다고 생각했기 때문이다.

8월 24일

엘자는 대사관 대외협력담당 보좌관이다. 이 일을 맡게 된 지 두 달이 채 안 됐지만, 뉴질랜드를 잘 알고 있는 편이었다. 일 년 전에는 크라이스트처치에서 1년 동안 프랑스어를 가르쳤다. 이곳으로 오기 전에는 프랑스, 런던, 부다페스트 등지에서 근무했고, 아버지는 의사고 어머니는 은퇴한 물리교육 선생. 병원 인턴인 언니는 기아나에 있는 병원에서 2년차 인턴 생활을 마친 상태이고 몇 달 전 그 언니를 방문했다고 한다. 남동생도 있는데 아직 대학생이다. 엘자는 형제들이나 부모님께 깊은 애정을 품고 있었다. 가족을 사랑한다는 것보다 자연스러운 일도 없을 것이지만 그녀가 자기 가족 이야기를 할 때면 그 애정이 어찌나 싱그럽고 따스한지, 매번 놀라게 된다. 놀람과 감동. 가정 안에는 흔히 너나 할 것 없이 크고 작은 많은 문제와 갈등이 있기 마련인데, 엘자의 경우는 예외가 아닐까 생각되기도 한다. 제대로 사랑받지 못하고, 내쳐지고 혹은 버려지는 아이들. 형제자매 간의 질투와 경쟁…… 만약 이 점에 대해 통계 조사가 이루어진다면 어떤 결과가 나올까? 행복한 유년기를 보낸 사람들이 그런 행운을 가지지 못한 사람들에 비해 더 많을까, 적을까? 내 생각으로는 후자가 전자보다 틀림없이 더 많을 것 같다.

엘자는 직선적이고 솔직하며 유쾌한 성격이다. 그녀가 시간이 날 때면 나와 아내는 셋이서 즐겨 외출을 한다.

두서없는 대화 중에 우리는 대사관이 하는 일들을 알게 되었다. 그 갖가지 기능이며, 직원구성, 위계 등등……. 그리고 그녀가 하는 일도 설명해 주었다.

내가 전도서에 대해 이야기할 자격이 전혀 없다는 사실을 우선 말해야겠다. 전도서를 쓴 코헬레*가 줄곧 의지하고 있는 그 신의 존재를 나는 믿지 않기 때문에 더욱 그렇다. 하지만 그렇다고 해서 내가 전도서에 대해 성찰해서는 안 된다고 여기지는 않는다. 2천3백 년이라는 세월이 지난 지금도 이 글은 현대의 무신론자에게도 여전히 많은 이야기를 해줄 수 있기 때문이다. 그러니 감히 이 책에 대해 자유롭게 이야기하는 모험을 감행해 보려 한다. 여타의 독자들처럼, 주의 깊게 이 책을 읽으며 성찰의 주제들을 찾으려 한다. 지혜를 향한 자신의 추구가 더 멀리 나아가도록 도와줄 수 있는 요소들을 찾고자 열망하며.

---

* Qôhélet. 전도서의 저자가 자신을 부르는 이 히브리어의 의미는 '대중에게 말하는 자'이다.

이 몇 줄의 글은 이어 쓸 수가 없을 것 같다. 이곳에 오기 전 '전도서'의 주석을 쓰는 작업을 구상하며, 이 글을 쓴 것이 몇 달 전이다. 하지만 여행을 하고 일상이 달라지고 나니 모든 것이 얼마간 뒤바뀐 참이라, 그런 종류의 글을 착수하고 제대로 진행해 가는 데 필요할 정신적 집중이 어렵다는 것을 깨달았다. 그러던 참에, 이 작업을 단념해야 한다는 사실을 오늘 저녁 분명히 이해한 것이다. 대신 내 일기를 더 부지런히 쓰는 것으로 만족해야겠다. 아마도 사오르쥬에 있을 때 말고는 그렇게 해 본 적이 없는 듯하다. 그래도 내가 가져온 여섯 종류의 '전도서' 번역본을 다시 읽고 생각해 볼 수는 있으리라. 그런데 이 여섯 종류의 번역들은 너무 달라서, 같은 글에서 번역이 이루어진 것인지조차 의아스러울 정도다.

8월 25일

예전에는 하루가 시작될 무렵이면 그날 무슨 일을 할지 미리 머릿속에 그려 놓았다가, 계획한 대로 실행해 나갔다. 어쩌다가 계획을 수정해야 하는 일이 생기면, 예를 들어 여러 시간의 작업을 견디게 해주는 아주 사소한 즐거움이나 하찮은 기분전환을 포기해야 하는 일이 생기면, 나는 은근히 거북해지곤 했다. 만사를 미리 계획표에 맞춰 놓아야 한다는 생각은 아마도 왠지 모를 두려움에서 비롯되었을 것이다. 지금은 하루가 시작되는 순간, 해야 할 일이 무엇인지 미리 정해 놓지 않아도 상관 없다. 그날그날 형편대로 그냥 흘러가도록 둔다. 굳이 무엇인가를 딱히 원하지 않는 상태, 충분히 마음이

유연하여 언제든지, 억지로가 아니라 편안하게, 나를 새로운 형편에 맞춰나가게 할 수 있는 상태, 그것이 나는 좋다.

8월 26일

무엇 때문에 이런 메모를 적는 것인가? 나도 잘 모르겠다. 이런 것이 별로 흥미롭지 않다는 것을 나도 모르지 않는다. 그러나 우리 일상을 채우는 이 사소한 일들에 만족해야 할 것이다. 내가 남겨두려는 것은 바로 이 시시한 것들의 흔적이다. 그것을 전체로 보게 되면 그 하나하나에서 어떤 의미와 흥미가 솟아날지 모른다는 희망을 가지고서 말이다.

8월 26일

이탈리아에서는 아직 아무도 모르고 있을 때, 파베제*는 미국 문학에 깊은 관심을 갖고 미국 작가의 작품 두세 개를 이탈리아어로 번역했다. 《삶이라고 하는 직업》에서 그는 에드거 리 매스터스**의 《스푼 강 시편》을 언급하였는데, 이유는 잘 모르겠지만, 나는 작가 이름과 시집 제목이 한 번 읽고 난

---

* Cesare Pavese(1908-1950). 이탈리아 작가. 〈아름다운 여름〉 등의 작품을 남긴 그는 파시즘 치하에서 유배생활을 하다가 제2차 세계대전 후, 공산당에 가입하였으며, 자살로 생을 마감하였다. 최후의 순간 그는 "죽음이 오리라, 그리고 너의 두 눈을 가지리라."라는 글귀를 남겼다.

** Edgar Lee Masters(1868~1950). 미국 작가. 시와 소설, 희곡 외에 휘트먼 등의 전기를 남겼다.

뒤 잊혀지지 않았다. 하지만 작가도 작품도 내가 아는 바는 없었다. 내가 그 시집을 프랑스어로 읽게 된 것은 그 뒤 15년이 지나고 난 후다.

19세기의 마지막이 되기 30여 년 전에 태어난 에드거 리 매스터스는 오하이오 주에 있는 작은 강인, 스푼 강변의 어느 마을 묘지에 묻힌 망자들에게 상상 속의 비명(碑銘)을 세워주고 있었다. 이 비명을 통해 그는 작은 마을의 삶을 이야기하고 그 비밀을 드러내며, 이 무덤에서 저 무덤으로, 거기 묻힌 자들이 서로 이야기를 주고받는 광경을 그리고 있다.

나는 이 시가 지닌 강건한 언어가 좋다. 내가 그 시들을 얼마나 읽고 또 읽었는지, 며칠 전 언덕 아래, 그 휑한 묘지에 들어서서 누군가의 무덤가에 앉았을 때, 첫 번째 시의 몇몇 구절이 저절로 입가에 떠올랐던 것이다.

엘머는, ?, ?, 톰은, 찰리는 어디 있는가
비실거리던 놈, 억세던 놈, 어릿광대, 주정뱅이, 쌈쟁이는 어디에?

하나는 열병으로 죽고
다른 하나는 지하갱에서 불타 죽고
또 다른 녀석은 싸움판에서 살해당하고
(...)
모두가, 모든 사내가 언덕 위에 잠들어 있네

엘라는, 케이트는, ?, ?, 그리고 에디트는 어디 있나

마음 따뜻한 여자, 순박한 여자, 수다쟁이, 거드름쟁이, 운 좋던 계집은 어디에?

하나는 애비 모를 애 낳다 죽고
또 하나는 사랑에 버림받아 죽고
또 다른 하나는 짐승 같은 놈 손에 죽고
(…)
모두가, 모든 여자가 언덕 위에 잠들어 있네

이즈음 매일 아침 언덕을 내려오며 무덤 사이 이런저런 비명을 읽어내려가다 보면, 에드거 리 매스터스의 시가 귓가에 은은히 들려오는 것이다. 그의 언어는 내 마음 어딘가 어슴푸레한 곳에서 찰랑거리고 있다. 그 시들을 읽은 지 한참이 지났어도 아직 기억이 선명한 것을 보면, 내게 깊은 인상을 남겼던 것이 분명하다. 그의 시를 떠올리다 보면, 언덕에 묻혀 있는 초기 뉴질랜드 이민자들과, 에드거 리 매스터스의 힘찬 비명에 의해 다시 살아난 미국 중서부의 개척자들이 내 안에서 서로를 부르고 있는 듯하다.

8월 29일

어제 오후 늦게 막심 데콩벵이 타계했다는 소식을 듣다. 향년 94세. 서너 해 전부터 건강이 악화되기는 했지만, 논리적이고 논쟁적인 면이 좀 줄어든 것 말고는 여전히 명석하기만 했다.

그를 알게 된 것은 40년 전, 그 무렵 나는 이렇다 하게 아는 것이 없었다. 그때까지 한 번도 조각가의 작업실에 들어선 적이 없었던 내게 그는 처음으로 알게 된 예술가였다. 작업실로 그를 여러 차례 찾아가고 이야기를 주고받은 일, 그가 써준 편지들과 그의 우정은 내게 큰 힘이 되었다. 그 사람 덕에 나의 시야가 눈에 띄게 넓어진 것도 사실이다. 특히 몬드리안*을 발견하게 되고, 이 예술가의 생애와 작품, 저술들로 인해 내가 추구하려는 것이 무엇인지를 분명히 깨닫게 되었다. 막심은 또 내게 마들렌 샤르보니에를 소개해 주어, 이후 나는 그녀와 깊은 우정을 맺게 되었다.

최근 몇 해 동안은 어쩔 수 없이 그와의 관계가 느슨해졌다. 여전히 그에 대한 애정과 찬탄은 그대로였지만, 예전만큼 찾아가게 되지는 않았다. 그는 가끔 화를 내거나 공격적인 모습이 되었고, 사람들이—객관적으로—동의하기 어려운 이야기들을 늘어놓곤 했는데, 자칫 내가 그에 대해 지니고 있는 마음이 다칠까 염려되어, 그와 충돌하지 않는 쪽을 택했다.

그래도 분명한 것은 그가 '순수한' 사람이라는 사실. 내가 말하는 순수란, 그가 결코 사회적 압력에 굴복한 적이 없다는 것을 의미한다. 그는 단호한 자세로 완강하게 자기 길을 갔다. 평생 동안 자기 내면의 요구만을 따랐다.

막심과 마들렌은 여러 해 동안 내게 큰 의미를 지닌 사람들이었다. 지금은 그들 모두 이 세상에 없다. 내 삶의 일부가

---

* Pieter Mondriaan(1872~1944). 네덜란드 출신 화가. 현대 추상미술운동을 주도한 대표적 인물 중 하나로서 '기하학적 추상화'의 선구가 되었다.

그들과 함께 사라져 갔다.

엘자와 함께 갔던 극장에서 보니, 사람들이 코카콜라병이며 팝콘이 가득 담긴 통 하나씩을 가지고 들어왔다. 프랑스사람인 나로서는, 충격이라고까진 할 수 없지만, 놀란 것이 사실이다. 우리 앞 좌석에는 상당히 나이 들어 보이는 부부가 앉아 있었는데, 한 손에는 커피 잔이 얹힌 접시를, 다른 한 손에는 아이스크림 두 덩이가 수북이 얹힌 콘을 위태롭게 잡고 있었다!

미국에서는 영화를 보며 뭔가를 먹고 마시는 일이 적잖은 사람들의 습관이 되어 있고, 프랑스에서도 어떤 영화관에서는 음료와 먹을거리들을 팔고 있긴 하지만, 딱한 노릇이랄 수밖에 없다! 게다가 먹고 마실 생각이 전혀 없는 옆 사람들에게는 적잖이 방해가 되는 것이다.

모타운*의 역사와 그 음악인들에 대한 영화였는데, 무척 흥미롭게 보았다. 그 말이 무엇을 함축하는지 잘 모르는 채 자주 보고 들었던 이름이다. 뉴질랜드로 오기 전, 《텔레라마》지에 실린 글을 읽고 궁금했었는데, 이 영화를 제대로 감상하는 데 필요한 최소한의 정보를 거기서 얻었던 셈이다.

한 사람 빼고는 모두 흑인이었던 이 그룹은 멤버 모두가 빼어난 음악가였는데, 40여 년 전쯤 라디오와 음반을 통해 엄

* Motown. 모터타운 즉 자동차의 도시 디트로이트에서 1959년에 출발하여 미국 대중음악의 인종 화합에 크게 기여한 음반회사. 리듬 앤 블루스, 소울, 힙합과 팝의 세계에 큰 영향력을 가졌으며 마이클 잭슨, 스티비 원더 등이 함께 작업하기도 했다.

청난 성공을 거두었다. 그러나 멤버들 이름이 거론된 적은 한 번도 없었다. 세계적 명성을 얻은 수많은 가수와 뮤지션들에게 깊은 영향을 주었음에도 그들은 여전히 무명으로 남아 있었다. 그러다가 30여 년 전, 그들은 그대로 디트로이트에 살고 있는데 제작자가 캘리포니아로 떠나버렸다. 그들에게는 급격한 종말과 같았다. 몇몇은 알콜과 마약, 자살로 생을 마감했다.

최근 몇 년 동안 열정을 가진 어떤 사람이 이 그룹의 생존자들을 찾아나서며 시작한 작업이 마침내 그들에게 바치는 영화를 만들게까지 되었는데, 하마터면 이 영화가 세상의 빛을 보지 못할 뻔하였다.

8월 30일

기억이 지닌 놀라운 능력에 대해 나는 경탄을 멈출 수 없으리라.

오늘 아침 문득 나달 씨가 생각났다. 엑상프로방스의 소년군사학교에서 중학교 3학년 과정을 밟고 있을 때의 수학 선생님. 학교를 떠난 뒤로 아마 한 번도 그분 생각을 한 적이 없었을 것이다. 그런데 왜 갑자기 그분의 얼굴, 눈빛, 모습 전체가 떠올랐을까? 나지막한 목소리의 온화한 분이었다. 항상 두 손에 아무것도 들지 않고 교실에 들어오셨는데, 숙제를 돌려줄 때면 바지 뒷주머니에서 꺼내주셨다. 상처 받고 슬픔을 안고 있던 사람, 알콜 중독으로 시들어가던 사람이었던 것 같다. 오늘 아침 눈을 뜨자마자 지금은 이 세상에 없는 그분이 떠올랐고, 마음이 흔들리며 그분을 향한 따뜻한 우정이 느껴졌다.

우리를 뒤흔들고 내면 깊숙이 감동을 주었던 책이 우리에게 미치는 영향력……. 그 책을 통해 우리는 미지의 사람을 알게 되고 그를 가까이 느끼게 되며, 자신도 모르는 사이 그 사람은 우리를 사로잡는다. 그는 우리가 느끼고 생각하는 대부분의 것을 오랫동안 규정하게 된다. 그러나 자기 자신을 그 사람과 동일시하게 되는 것은 아니다. 그래도 이 만남이 주는 충격은 너무나 강렬해서, 그는 영원히 우리를 떠나지 않게 되며, 매순간 우리 체험에 그 흔적을 남긴다.

차례차례 내게 다가와 나를 붙들어 놓은 세계, 거기에서 해방되어 내 스스로의 힘으로 존재하기 위해 필요했던 시간.

내 정신 안에서 활기차게 움직이는 것을 더 예민하게 지각할수록, 언어로써는 내가 말하고자 하는 것을 제대로 표현할 수 없다는 생각이 든다.

8월 31일

이틀 전 완성해 둔, 외젠 르루아 관련 원고를 다듬다. 그 글 대부분은 잠 못 이루는 시간에 내 머릿속에서 써진 셈이다. 글을 다시 손보며 기분이 좋았음을 이야기해야겠다. 그리고 요 며칠 밤 이 작업을 하면서, 나 자신이 이 화가와 많이 닮아 있음을 느꼈다. 그가 그림 그리는 방식—항상 더 많은 색깔을, 더 많은 재료를 덧붙이려 하고 그리하여 그의 캔버스는 두께가 1~2센티미터가 된다—의 근원에 있는 것이 무엇인지를 찾아내려 하는 과정에서 나는 적절한 직관에 이끌려간 것일까? 그의 작업 방식을 낳은 것이 무엇인지를 요약하자면, 그는 자신이 드러내려고 골몰한 것이 무엇인지를 결코 보여주지 않는다고 말할 수 있으리라. 그는 서로 모순되는 두 가지 요구 앞에 줄곧 내몰리고 있는 것이다.

그는 릴 부근에 살고 있었다. 내가 몽누아르에서 지낼 때 그를 찾아가 볼 수도 있었으리라. 주소랑 전화번호도 있었고 그를 만나고 싶었는데도, 그를 귀찮게 하지나 않을까 싶어 엄두가 나지 않았다. 그러나 내가 잘못한 셈이다. 그 몇 달 뒤 그는 더 이상 이 세상 사람이 아니었던 것이다.

어제 저녁에는 올 봄, 리옹으로 우리를 찾아왔던 제시 먼로가 자기 집으로 저녁 초대를 했다. 찻길 아래쪽에 있는 집으로 가려면 가파른 오솔길을 내려가야 한다. 오솔길로 접어들기 전, 그녀는 남십자성이 있는 하늘을 우리에게 보여주었다.

19세기 스코틀랜드에서 건너온 자기 집안에 대해 강한 애착을 가지고 있었다. 부모를 포함한 식구들 모두가 농민이었다. 오빠는 오클랜드 부근의 집안 농장을 물려받아 양떼를 키우고 있다는데, 무려 6천 마리라니!

증조부들의 사진을 보았다. 낡고 흐릿한 사진이었지만 그래도 이 농부 부부가, 특히 부인 쪽이 빼어나게 아름다운 것을 알 수 있었다. 돌아가실 때까지도 호리호리한 몸매와 기품이 넘치는 용모를 간직하셨다고 한다.

제시는 쉬잔 오베르라고 하는 프랑스 수녀에 대해 상당한 분량의 전기를 썼다. 1860년 뉴질랜드에 도착하여 91세 되던 1926년에 작고한 이 수녀는, 도착한 지 얼마 되지도 않아 마오리족에게 기꺼이 받아들여졌다고 한다. 당시 마오리족은 토지 문제로 백인 식민군대와 전쟁 중이었던 만큼, 이런 일은 드문 경우라고 할 수 있다. 그녀는 마오리족 언어와 풍습, 그들의 문화를 배우면서 작은 사전을 만들어 토착민 언어와 유럽인 언어 사이에 다리를 놓았는데, 이 사전은 최근까지지도 사용되고 있다.

한 마오리 여인의 도움을 받아 그녀는 풀이나 나무 같은 식물을 바탕으로 약을 만들게 하였고, 이들 약품의 산업적 생산을 후원하였다.

그녀는 교육 사업을 펼치고 버려진 아이들을 돌보았으며 무료급식소를 창설하고 장애아들을 거두어 보살피는 기관들을 만들었다. 갖은 어려움에도 어떻게든 건립하려고 오랫동안 애썼던 병원은, 그녀가 타계한 직후 마침내 완공되었다.

대담하고 기운 넘치던 여성, 온갖 부류의 사람과 가깝게 지내며 각계각층에 친구를 두었던 따뜻한 가슴의 여인. 주위의 비참과 고통을 줄이기 위해 한평생 아무 계산 없이 자신을 다 내준 여인.

장례식이 있던 날, 운구 행렬에는 근 10만 명이 참여했다고 한다. 당시로서는, 그리고 이 나라 뉴질랜드에서는 극히 예외적인 일이었다.

그녀가 이룩한 일을 되돌아보면, 그녀야말로 지금의 뉴질랜드를 만드는 데 진실로 기여한 사람들 중 하나라는 생각이 든다. 이 나라에서는 그토록 널리 알려져 수많은 사람의 기억 속에 간직된 이 프랑스 여인을, 정작 프랑스에서는 몇몇 사람 말고는 이름이나마 알고 있는 이도 드물다.

9월 2일

며칠 전, 새벽 1시에 텔레비전을 켰는데, 수녀 한 분이 수녀복을 입은 채 카라바조*의 작품에 대해 설명하는 것을 보고 놀랐다.

9월 3일

우리 각자의 마음은 남과 다른 요소로 이루어져 있다. 그 때문에 우리가 서로 그렇게 다른 것이다. 다르다는 사실이 인간의 삶에 어떤 맛을 지니게 한다. 우리 모두가 똑같다면, 삶은 황량한 사막일 테니까. 그러나 이 다른 점 때문에, 우리가 서로를 이해하거나, 서로를 견디는 것이 힘들어지기도 한다. 아무것도 보지 못한 채 그리고 아무런 의문도 갖지 않은 채 삶을 살아온 사람과, 존재의 고통과 씨름하면서 이따금 삶이 견딜 수 없다고 느끼는 사람 사이에, 무슨 공통점이 있겠는가?

꿈에 베케트**를 만나다. 내가 그를 보러 갔었다. 어딘지, 묘사하기가 어려운 어떤 장소를 우리는 함께 걷고 있었다. 나는 그에게 아무런 할 말이 없었다. 내 가슴은 깊은 슬픔으로 짓눌

---

* Michelangelo Merici da Caravaggio(1571~1610). 이탈리아 화가. 인간의 육체와 감정에 대한 사실적 묘사를 강렬한 빛의 효과와 결합함으로써 이후 바로크 미술에 영향을 주었다고 평가된다.

** Samuel Beckett(1906~1989). 아일랜드 출신의 작가. '부조리극'으로 널리 알려진 그는 프랑스에 거주하면서 대부분의 작품을 프랑스어와 영어로 썼으며 1969년 노벨문학상을 수상하였다. 샤를 쥘리에에게만 대담집 출간을 허락하여 네 차례에 걸친《사무엘 베케트와의 만남》이라는 책이 간행되었다.

리는 것 같았다. 그와 작별하려 하자, 내가 말 한마디 없이 있다 가려는 것이 놀라운 모양이었다. 그 전에 몇 차례 만났을 때는 내가 귀찮으리만치 많은 질문을 그에게 했었기 때문이다.

9월 4일

이 도시에서는 요즘 같은 겨울날이면 이따금 비가 폭포처럼 쏟아진다. 좋은 비옷을 하나 사두는 것이 낫겠다 싶어 여러 날 이곳저곳을 둘러보았지만, 어디서도 찾을 수가 없었다. 희한한 일이다!

9월 5일

어떤 사람들은 넘치게 가지고 있는 것을 다른 사람들은 전혀 못 가지고 있다는 사실의 부당함. 그의 사람됨으로 보면 당연히 더 나은 삶을 살아야 마땅한 사람들을 만날 때, 때로 우리는 고통스럽다.

내가 가끔 들르는 리옹의 한 가게에는 작은 포스터가 붙어 있는데, 그곳에 쓰인 글을 볼 때마다 나도 모르게 미소를 짓게 된다.

"머리에 금이 간 듯 살짝 돈 사람은 복이 있나니,

그 사이로 밝은 빛이 비추리로다."

오늘 그 포스터의 글이 떠오른 순간, 내가 걸어온 길이 생각났다. 내가 절실히 필요로 하던 이 빛을 찾아 떠나기 전, 먼

저 내 머리에 금 간 곳을 줄이려 애써야 했었다는 사실을 깨달았다.

9월 6일

진 앤더슨 여사는 학회 참석차 아일랜드로 가게 된 모양이다. 자기 조상들이 살았던 마을을 찾아볼 생각에 가슴이 뛴다고 한다.

그녀의 증조부모는 이곳에 도착한 직후 농장을 하나 샀다고 한다. 그런데 원인을 알 수 없는 이유로 가축들이 죽어나갔다. 아직 앳된 젊은이였던 그녀 삼촌 중 하나가 어느 날 우연히 신문을 읽다가, 땅 중에는 더러 이러저러한 성분이 결핍된 토양으로 이루어진 곳도 있다는 사실을 알게 되었다. 토질의 문제임을 깨달은 그들은 곧바로 해결책을 찾아냈고, 그러자 더 이상 가축이 죽는 일이 없어져서, 코앞까지 와 있던 파산을 피할 수 있었다고 한다.

벨기에 요리를 하는 식당에 갔다가 옆 테이블 손님들이 한 시간 이상 떠들어 대는 소리를 듣고 있어야 했다. 두 쌍의 부부가 두 살이나 되었을 어린 여자 아이를 마치 장난감처럼 가지고 노는 것이었다. 간질이거나 귀여운 짓을 하라고 어르고 들볶으면서 그들은 쉴 새 없이 깔깔거렸다. 그리고 아이가 뭐라고 말하거나 몸을 움직이면 너도나도 한 마디씩 큰 소리로 평을 해댔다. 그것은, 정말이지, 고통스러웠다. 그들은 웃어대고 있었지만, 어른들에게 꼭두각시로 쓰이고 있는 어린

애를 보면서 나는 아연실색하였다.

9월 7일

자기 나라에서 2만 킬로미터 떨어진 곳에 있다 보면, 나라 안 일들이 그 안에 살고 있던 때와는 다르게 보인다. 막연히 그런가 보다 하던 상태에서 벗어나, 우리의 시선은 더 명료해지고 더 날카로워진다. 신문방송에 자주 나오고 문화 분야에서 상당한 비중을 차지하는 사람들의 모습도 새롭게 보인다. 언어와 문화가 다른 이곳에서 바라보면, 그 사람들이 프랑스 안에서 지닌 중요성이라는 것이 홀연 사라지는 것이다. 최근 며칠 밤, 텔레비전에서 보았던 열댓 명 프랑스 작가들의 특집이 실망스러웠던 것도 그런 이유에서였을까? 거기 나온 이야기 중에는, 마음에 남는 것도, 생각할 거리나 혹은 무엇인가 새롭다 싶은 것도 없었다. 재능이 있다고 해서 반드시 속이 차 있는 것은 아니다. 반면 모디아노*의 경우와 니콜라 부비에**의 경우는 즐거웠다. 특히 후자는 이야기할 거리들이 있

---

* SamPatrick Modiano(1945~). 프랑스 현대 소설가. 고교시절 은사인 작가 레몽 크노의 영향을 받아 일찍부터 작가의 길을 걸었으며 《에투알 광장(*La place d'étoile*)》을 비롯한 여러 작품으로 주목을 받았다. '영웅적 레지스탕스'나 '박해받은 유태인'의 주제를 단순구도 대신 복합적 성격, '잡종성'을 통해 심도있게 제시하였으며, 유대계로서 이스라엘의 폭력을 비판하는 입장을 취하기도 하였다.

** Nicolas Bouvier(1929~1998). 스위스 출신의 여행가, 작가. 17세 때 혼자 떠난 노르웨이 여행을 시작으로 유럽, 아시아, 극동에 이르는 여행을 하며 여행기들을 남겼다. 특히 《세상을 사용하기(*L'Usage du monde*)》는 널리 읽힌 책이다.

었고, 또 그것을 어떻게 이야기할지 알고 있었다. 마르그리트 뒤라스*는 마음에 들지 않았지만, 다른 데서 들은 것과는 비교할 수 없게 번득이는 이야기를 두세 차례 하고 있었다.

쾨스틀러**와 자베스***에 대한 인물묘사, 특히 후자의 경우는 대단히 흥미로웠다. 자베스는 진정한 밀도(密度)를 가진 사람이다. 그에 대해 보고 듣게 되니 그를 만나보려 하지 않았던 것이 후회된다. 아르토****에 관한 두 차례의 특집도 대단했다.

사람들이 내게 이야기해주기도 했고 또한 매일 매순간 확

---

* Marguerite Duras(1914~1996). 프랑스 작가, 영화감독. 프랑스령 인도차이나였던 베트남에서 나고 자랐으며 17세 때 프랑스로 건너가 정치학, 법학을 공부하며 공산당에 가입하였다. 독일 점령기에는 친독 정권인 비시정부의 검열국에 근무하면서 남편과 함께 레지스탕스운동에 가담했다. 가족과 연애를 소재로 한 《모데라토 칸타빌레(*Moderato Cantabile*)》 같은 전통적 작품에서 출발하여 형식적 실험을 밀고 나가는 시기를 거쳐 다시 사실주의적이고 자신의 체험을 소재로 한 작품 《연인(*L'Amant*)》 등에 이르는 과정에서 사회문제, 여성문제 등을 형상화하였다.

** Arthur Köstler(1905~1983). 헝가리 출신의 영국 국적 작가, 언론인. 오스트리아 수학 시절 독일 공산당에 가입했으나 스탈린주의에 환멸을 느껴 1936년 탈당했으며 1940년에 전체주의를 고발하는 《한낮의 어둠(*Darkness at night*)》을 발표했다. 스페인 내전에 공화파로 참전하여 쓴 《카탈루냐 찬가》를 비롯, 동시대 여러 문제에 적극적으로 개입하고 발언하였다.

*** Edmond Jabès(1912~1991). 프랑스 작가이자 시인. 프랑스어를 사용하는 이집트의 유대계 가정에서 태어나 유대인 박해를 피해 프랑스로 망명하였다. 7권으로 된 비의적 작품 《질문의 책(*Livre des questions*)》을 통해, 삶에 대한 억압으로서의 폭력을 고발하며 권력에 의한 '영혼의 대학살'을 묘사하였다.

**** Antonin Artaud(1896~1948). 프랑스 시인, 극작가, 연극이론가. 언어로 전하는 분석적이고 심리적인 전통 서양연극은 생명이 없다고 보고, 빛, 색채, 음악, 동작, 몸짓 등을 통해 인간성과 자연 속의 어두운 힘을 표현하여 착란 상태로서의 연극을 시도하였다. 잔혹극으로 알려진 그의 연극작업은 그 뒤 많은 영향을 미쳤으며, 감춰진 것을 투시해 보는 현대의 견자, 예술에의 순교자로 받아들여지고 있다.

인하는 바이지만, 뉴질랜드인들은 특별히 상냥하다. 우리들 프랑스인이 늘 그 뒤로 가 숨는, '나하고 무슨 상관이야' 하는 태도가 그들에겐 없다. 그들은 온화하고 개방적이며 싹싹하다. 그리고 기꺼이 다른 사람들과 이야기를 주고받는다.

9월 8일

1914년, 우리의 자유를 지켜주러 유럽에 왔던 뉴질랜드인들, 독일인들과 맞서 싸운 그들에 대한 비디오를 보다. 1917년에 이들 뉴질랜드인 부대 중 일부는 피카르디 지방의 도시 르케누아를 해방시켰다. 만 2천 명이 전사했는데, 쓰러진 그곳에 그대로 묻혔다. 제1차 세계대전에 참전한 나라 중 뉴질랜드는 인구 수에 비해 가장 사망자가 많은 나라였다. 르케누아의 주민들은 지금도 이 사실을 기념하고 있지만, 우리 프랑스인들의 집단 기억 속에 과연, 그 먼 거리를 떠나와 우리 편에 서서 싸웠던 이들이 충분히 간직되고 있는지는 잘 모르겠다.

9월 10일

한 문장을 다시 구성하면서 어떤 단어의 위치를 바꾸게 되면 그 단어는 더 이상 동일한 진동, 동일한 느낌을 갖지 않게 된다.

서점 앞을 지날 때면, 꿈틀댈 뿐 어쩌지 못하는 욕구에서 오는 야릇한 느낌. 영어로 된 책밖에 없는 그 세계, 그런데 나는 영어를 읽지 못하는 것이다.

9월 11일

어젯밤, 마이클 파울러 센터에서의 공연에서 여러 고등학교의 남녀 학생들이 각각 자기 학교 교복을 입고 차례차례 노래를 했다. 싱싱하고 역동적인 느낌. 좌우로 몸을 흔들며 팔을 이리저리 펴고 뻗는 동작과 함께 노래를 했다. 몹시 즐거운 밤이었다. 마지막에는 전통의상을 입은 어린이들이 나와 아름다운 마오리족 원주민 노래를 들려주었다.

이날 행사의 대미(大尾)는 '하카'라고 하는 마오리족 전쟁노래였다. 아직 근육도 없는 가늘고 호리호리한 아이들이 얼굴에 위협적인 표정을 지어가며 힘차게 노래하는 모습이 볼만했다.

마랭 폴롱소도 축제에 참가했다. 그 아이처럼 순박한 눈길과 마음을 움직이는 미소를 가진 아이는 한 번도 본 적이 없다.

9월 12일

오늘 오후 아내가 만난 여성이 자신의 다섯 자매 이야기를 해준 모양이다. 그중 한 명이 어느 날 칠레에 갔었다고 한다. 관광 목적으로 간 그곳에서 그녀가 본 것은 가난, 그리고 교육을 전혀 받지 못한 채 아무런 미래도 없는 어린이들이었다. 그녀 안에 일어난 자각은 그녀를 바꿔 놓았다. 그대로 거기 남아 무엇인가를 실제로 해보겠다고 결심한 것이다. 그녀는 가르치기 시작했다. 그러다가 학교를 세우게 되었다. 지금은 자기가 시작한 일이 계속 발전해가는 데 온 힘을 쏟고 있다. 심지어는 국적도 칠레로 바꾸고, 이따금 가족을 만나러만 뉴질랜드에 온다고 한다.

9월 14일

오후에 엘자와 함께 오랫동안 해안도로를 걷다. 널찍한 길 양 옆에는 규칙적 간격으로 남양삼나무가 자라고 있다. 바람이 맹렬하다. 아름다운 햇살. 초록 바다에 하얀 포말들. 구름들이 전속력으로 달리고 있다. 찻길 가장자리로는 청남색의 아름다운 주택들이 서있다. 그중 몇몇은 흔치 않은 건축양식이다.

산책을 하던 중, 땅에서 한 50센티미터쯤 위로 서있는 기다란 사각형 석판을 만났다. 그 무게의 일부를 담장에 기대고 있는데, 담장 뒤로는 부서진 파도가 와 닿고 있었다. 이 석판에는 캐서린 맨스필드가 쓴 글이 새겨져 있었는데, 이곳에 바람이 불 때면 길 가는 사람이 비틀거리는 듯 보여 마치 취객인 듯 여기게 된다는 내용이었다. 그 글을 읽는 동안, 우리는 돌풍에 자꾸 몸이 밀리고 있었고, 제대로 몸을 가누기가 힘들었다. 밀리며 다시 앞으로 나아가길 되풀이하다 보니, 그야말로 그녀가 쓴 글을 몸소 체험하는 셈이었다.

9월 15일

아내는 플레이아드 총서*로 나온 체호프 단편집 제3권을 다시 읽고 있다. 리옹의 우리 집에서 가져온 몇 안 되는 책 중 하나다. 체호프의 세계에 푹 빠진 그녀는, 요즈음 매일 그에 관해, 그가 그려낸 인물들에 관해 이야기하곤 한다. 그가 관찰한 것과, 그가 느낀 환멸, 그리고 인간에 대해 그가 가진 감각에 대해…….

〈까치밥나무〉라는 작품 속의 한 남자는 자기 아버지가 어릴 적, 이동하는 군대를 따라다니며 살던 꼬마군인이었다는 이야기를 하고 있다. 이 대목은 읽고서도 잊어버려서, 그 당시 러시아에 꼬마군인들이 있었다는 사실이 새로웠다. 아마도 러시아를 침공했다가 패주한 나폴레옹 군대 시절에 그 기원이 있지 않을까?

꼬마군인이라는 말의 원뜻과는 달리 그 아이들은 군대 언저리에서 살고 부대를 따라 전쟁터에 나가기는 하지만, 실제 전투를 하는 것은 아니어서 내가 체험한 '소년군사학교'의 진짜 소년병사와는 다르다.

그 대목을 찾으려 뒤적이다가 우연히 이런 글귀를 만났다. "… 인생에 어떤 의미와 목적이 있다면, 그것은 우리의 행복이 아니라 그보다 더 진지하고 더 위대한 어떤 것 속에 있다네. 선을 행하게나." 이 말에 어떻게 공감하지 않을 수 있겠

---

* 프랑스에서 가장 신뢰도가 높은 문학 중심의 총서. 갈리마르 출판사에서 간행되어 나오고 있으며, 프랑스 근대문학의 기초를 마련한 르네상스 시대 시인 일파의 이름이기도 하다.

는가? 이 작가의 작품과 생애가 가르치는 것을 어떻게 받아들이지 않을 수 있겠는가? 모든 존재는 생애의 끝에서, 타인과 공동체에 어떤 기여를 했는가에 의해 판단될 수밖에 없을 것이다. 그러나 개인주의, 이기주의, 지나친 경쟁이 지배하는 우리 사회에서, '선을 행하라'는 식의 이야기는 공허하게 들릴 것이다.

어쩌면 나의 이런 판단은 틀린 것일지도 모르겠다. 연민을 느끼고 '선을 행하기'를 주저하지 않는 사람들은 생각보다 훨씬 많기 때문이다. 물질적인 도움을 주거나, 자신의 시간을 내놓거나, 어떤 자리를 함께하거나 혹은 먼저 말을 건네주거나 이야기를 들어주고, 체험을 함께하면서…….

'선을 행하라'고 했던 사람의 말이 자신의 내면 깊은 곳에서 우러나온 확신이었음을 보여주기 위해 체호프가 덧붙인 몇 마디 말은, 더없이 설득력 있고 감동적이다. "그는 마치 자기를 위해 무엇인가 간청하는 양, 애걸하듯 안쓰런 미소를 지으며 이 말을 하는 것이었다."

9월 16일

우리 자신과의 관계에서 어떻게 하면 적절한 거리를 유지할 수 있을까? 우리가 세상을 받아들이는 지점을 어디에 두어야 할까? 만일 그것을—이렇게 표현해도 된다면—머릿속에 둘 경우, 중요한 것은 합리적 사유가 되고 감성적인 것은 억압된다. 반대로 감정과 느낌을 담은 가슴에 둘 경우, 사유는 가려져 제 기능을 하지 못한다.

글을 쓸 때는 이 지점의 위치를 섬세하게 조절하지 않으면 안 된다. 그렇게 해야만 독자의 폐부를 찌르면서 또 그의 이성에 호소할 수 있는 글이 만들어질 것이다.

9월 17일

카페에 앉아서 글을 쓰고 싶다. 그러나 째지는 음악 소리로 괴로워하지 않아도 될 곳을 찾아내지 않으면 안 된다.

내 속의 가장 깊은 부분을 만나는 순간들. 근원의 샘물이 나를 적시는 순간들. 삶의 정수가 나를 휩싼다고 느껴지는 감각. 이 정수가 무엇인지 규정하기란 전적으로 불가능하다. 그러나 이 순간들의 숙연함. 그 숙연함이 내 언어를 만들어낸다. 그러니 나만의 목소리로, 나만의 음조로 글을 쓰지 않을 수 없다.

장 미셸 마르셰티는 사진기의 도움으로 자화상 시리즈를 완성하였다. 삼각대 위에 사진기를 설치한 다음 그 앞에 서거나, 더 간단하게, 사진기를 쥐고 거울 앞에 정지한 채 자신의 모습을 찍었다. 그가 기술적으로 얼마나 뛰어난가는 말할 나위도 없다. 그러나 무슨 영문인지 매번 사진을 인화해서 보면, 짙은 그림자가 지거나 무언가가 부분적으로 혹은 완전히 촬영자의 모습을 가려놓는 것이다. 그의 작업이 헛수고였음을 인정하는 수밖에 없게 된다. 그 윤곽을 잡아내려 했지만, 얼굴 모습을 온전히 담은 사진은 하나도 없기 때문이다.

이들 자화상이 갖는 의미는 무엇일까? 사진은 우선, 자기 모습을 재현하고 싶어하는 작가의 욕구를 알려 준다. 자기를 보고, 그리하여 자신을 인식하게 될 수단으로서의 어떤 상을 얻으려는 욕구 말이다. 두 번째로, 이 초상들이 실패한 사진처럼 보이게 한 것은 결국 자기 인식의 작업이 사실은 불가능하다는 것을 말하고 싶은 것이다.

이 사진들을 보여줌으로써, 우리 자신을 보기 위해 필요한 내면의 눈이란, 가려지고 장애물에 막힌 눈이라는 사실, 따라서 그 위에 맺히는 상(像)은 변질되거나 철저히 왜곡된다는 사실을 깨우쳐 준다. 왜 그럴까? 이 눈은 우리의 내적 실재를 이루는 부분이며, 그 때문에 그 안에 이미 자신의 시선을 규정하고 왜곡하는 내용들을 담고 있기 때문이다. 내적 실재를 보기 위해서는 거기서 벗어나고 거기에 거리를 두는 일이 필수적이다. 그러나 그것만으로 충분하다고 할 수는 없다. 내면의 눈은 이 실재와의 거리에도 불구하고 여전히 거기에 참여하고 있기 때문이다. 볼 수 있는 진정한 능력을 가지기 위해서는 이 눈이 자기 안을 들여다보고, 그리하여 자신의 시선을 규정하고 있는 것을 해체할 수 있어야 한다. 달리 말하면, 우리 자신을 알기 위해서는, 그 과정에서 우리가 의지하게 되는 바로 그것을 먼저 알아야 한다.

이 작업은 존재의 내밀한 부분에 온갖 혼란과 동요를 가져온다. 그 때문에 자기를 밝히 비춰보는 일은 오랜 시간이 필요한 준엄한 도정(道程)이다. 그리고 참으로 고통스러운…….

절박한 필요성을 느끼며 하나의 책무처럼 이 작업을 수행할 때 우리가 마침내 체험하게 되는 이 모험의 도정, 얼굴이 없는 초상들을 통해 장 미셸이 우리에게 보여주려는 것은 바로 이것이다. 그 필요를 느끼지 못하는 사람은 이 모험에 마음이 끌리지 않으리라. 그러나 자신이 그 길에 접어들었다고 생각하는 사람, 그리고 쉼 없이 그 길을 가고 있는 사람은 자기가 거기 몸담게 된 사실을 결코 후회하지 않으리라.

9월 19일

칠레에 관한 몇 개의 기사를 읽다. 30년 전, 미국 정부와 CIA의 강력한 지원을 받은 군사쿠데타로 아옌데 정권이 무너지고, 그 뒤 15년 동안 피노체트의 독재 아래 3천여 명의 사람들이 고문당하고 살해당하고 혹은 행방불명이 되었다(헬리콥터에서 바다로 내던져진 사람들이라니!). 그리고 또 다른 수천 명은 망명을 떠나야 했다. 읽은 내용들이야 이미 알고 있던 사실이었다. 그러나 내가 깜짝 놀랐던 것은—그 사실을 주목하게 된 것이 내가 처음은 아닐 테지만—30주년을 맞는 이 쿠데타가 9월 11일에 발생했다는 것, 그리고 그날은 바로 2년 전 미국을 신음하게 한 그 비극의 날이라는 사실이다. 두 사건이 한날에 일어났다고 해서 무슨 결론을 끌어낼 수는 없는 노릇이다. 하지만 다른 나라의 정부를 전복하고 가끔 그리스에서 그랬던 것처럼 내란을 일으키며, 그리하여 독재정권을 출범시킴으로써 수천 명의 생명을 사라지게 했을 때, 그때, 미국인들은 정작 자기들이 겪게 된 비극에 대해 분노하는 것만큼 그렇게 즉각 분노를 느끼지는 않았던 것이다. 하지만 그렇다고 해서 어떻게 그들을 탓하겠는가? 인간인 한 그럴 수밖에 없을 것이다. 지진이건 대홍수건 정변이건, 혹은 전쟁이건 인종청소건, 그것이 수천 킬로 밖에 떨어진 나라에서 일어난 불행일 경우, 사람들은 자기들이 직접 당하는 것처럼 반응하지는 못하는 것이다.

9월 20일

뉴질랜드 정부와 원주민 마오리족은 어업권과 토지 반환 문제를 두고 오래전부터 서로 다툼을 벌이고 있는데, 이 변호사는 영국왕실의 권리를 대변하는 역할을 하고 있었다. 우리와 함께 저녁을 먹던 그는, 마오리족을 방문할 때면 자기가 반드시 지켜야 하는 의식(儀式)에 대해 이야기를 해주었다. 자기를 맞는 추장이 일종의 기 싸움처럼 나무토막을 자기 앞에 던진다는 것이다. 그러면 자기는 계속 추장의 눈을 응시하면서 그것을 집어야 한다고 한다. 지난번에는 나무토막을 막 집으려는 순간, 추장이 지팡이 끝으로 그의 손을 지그시 내리누르는 바람에 손을 움직일 수가 없었다고 한다. 그러더니, 나무토막을 줍고 싶으면, 추장인 자신이 눈짓으로 그렇게 하라는 허락을 내려줄 때까지 기다려야 하는 법이라고 설명하더라는 것이다.

9월 21일

여러 해 전, 리옹에서의 일이다. 보도 위 내 앞에는 젊은 여인이 어린 남자 아이 손을 잡고 걸어가고 있었다. 그런데 갑자기, 어떻게 해 볼 사이도 없이 이 아이가 찻길로 뛰어들었다. 그 순간 젊은 엄마는 아이를 보호하려고 말 그대로 아스팔트 위로 몸을 날려 아이를 안았다. 바로 앞에 오고 있던 자동차가 멈춰서고, 둘 다 아무도 다치지 않았다. 어린애는 울음을 터트렸고, 젊은 여자의 팔과 다리에서는 피가 흐르고 있었다…….

나는 여러 차례 이 광경을 머리에 떠올리곤 했다. 자기 아이를 지키려던 그 엄마의 순간적 반응.

친구인 이브 프리장이 최근 저서를 보내주었다. 《일상의 잔인함》이라는 이 책을 줄곧 흥미롭게 읽었다. 부부 사이에, 가족 안에서, 일하는 직장에서 이루어지는 은밀한 폭력, 그것은 희생자를 끌어내리고, 모욕하고, 뒤흔들어놓고, 그의 인간성을 파괴하려는 목적을 가지고 있다. 그의 존엄성을 공격하고, 그의 정체성을 무너뜨리며, 정신적 죽음을 부추기는 것이다. "잔인한 자는 상대의 주체성을 지워버리고 그의 인격적 통합성을 없애는 것으로 만족하지 않는다. 그는 상대 안에 죽음의 본능, 파괴의 충동, 파괴적 광기가 둑을 무너뜨리고 밀려나오게 만든다." 이 책 덕택에, 느끼고는 있었지만, 한 번도 깊이 숙고해보지 못한 개념과 현실을 더 확실하고 분명하게 파악하게 되었다. "인간의 존엄성은 본질적이면서도 또 부서지기 쉽고, 삶에 필수적이면서도 파괴되기 쉽다." 우리 안에 살고 있는 이 공격성, 이 지배하려는 욕구를 철저히 거부하고 제거해야 할 필요성, 명료한 의식을 가져야 할 필요성. 타인을 존중할 줄 알기. 결코, 단 한 번이라도, 그의 존엄성에 상처주지 않기. 이 책이 탁월하게 분석하고 있는 잔인성의 모습만큼이나 자주 겪게 되는, 타인에 대한 배려.

9월 23일

웰링턴에서 20여 킬로미터 떨어진 곳에 사는 화가를 방문하다. 미국과 호주에서 산 적이 있는 그는 그곳에서 정기적으로 전시회를 갖는다. 부인은 호주사람이다. 금발의 예쁜 아이가 둘.

그의 그림은 기하학적 추상 계열에 속하는 것이다. 그가 일정 시기에 작업한 작품들을 보며 바넷 뉴먼과 숀 스컬리를 생각했다. 작품 앞에서 설명하던 그는 몇 차례 조르주 바타이유*의 이름을 언급했다. 그러나 바타이유의 작품이나 사상과 꼼꼼하기 그지없는 정확성으로 그려진 이 그림 사이에 어떤 연관성이 있어 보이지는 않는다.

화가의 집이 마음에 들었다. 언덕에 등을 기댄 채 나무 사이에 들어 있는 집은 커다란 창이 나 있었고 드문드문 집 몇 채가 솟아 있는 분지가 내려다보였다. 바다도 조금 보이고 왼쪽 언덕들은 덤불숲으로 이루어져 있었다. 아주 작은 키의 나무들이 빽빽이 들어서 있는데 수북한 솜털에 우중충한 초록빛은 그리 고운 색은 아니었다.

차를 타고 해안을 따라가던 중, 안개 속으로 '남쪽섬'의 산들이 보였다.

다른 사람의 감정이나 생각을 감지하고 느끼는 경우가 흔히 있다. 그러나 그가 모르는 사이 그의 내면에 간섭하게 된

---

* Georges Bataille(1897~1962). 프랑스의 작가, 사상가. '하류 유물론' 등의 개념을 통해, 인간주체의 현실적 이해와 실현을 모색하며, 미셸 푸코, 자크 데리다 등의 사상가들에게 영향을 미쳤다.

다는 것이 거북하여 나 스스로 불안감을 갖게 된다. 말이나 행동으로 그를 당황하게 하고, 특히 내 견해가 그의 말과 다를 경우, 그가 반응을—그 자신이 예상하지 않았던 감정을— 보이게 자극할지 모른다는 불안감 말이다. 그래서 그가 있는 자리에서는, 그리고 이 같은 거북함과 불안이 내 안에 나타났을 경우에는, 나 자신을 지우고 싶은 욕구 때문에 그저 침묵만 지키게 되는 것이다.

9월 24일

지금도 여전히 놀랍다. 외젠 르루아에 대해 쓴 글은 내가 간섭할 필요 없이 저절로 내 밖으로 흘러나온 것 같으니 말이다.

길에서 만난 장의차 양 옆에 쓰여 있던 광고문구. "여기, 천국으로 올라가는 제일 빠른 방법이 있습니다."

캐서린 맨스필드의 소설집 《가든 파티》에 실린 마지막 단편 〈하녀〉에서는 가정부였던 여자가 자기의 일생을 이야기하고 있다. '주인 마님'에게, 그리고 그 이전에는 주인 마님의 어머니에게 평생을 바친 삶.

어느 날 결혼을 눈앞에 둔 이 여자가 '마님'에게 사정을 말하자, 마님은 교묘히 협박하여 결국 그녀가 모든 계획을 취소하도록 만든다. 소박하고 헌신밖에 모르던 이 하녀는, 자기가 성녀처럼 우러러보는 마님이 사실은 잔인한 이기주의를 으스대듯 내보이고 있었다는 것을 상상도 못하고 있었다.

작품을 다 읽으면서 나는 한 20년쯤 전, 쥬느비에브 앗스*가 내게 들려준 이야기가 생각났다. 파리에는 낡은 건물의 지붕 밑 다락방에서—겨울에는 살이 에일 듯 춥고 여름에는 숨 막히게 더운 곳이다—비참하게 살고 있는 노인들이 있는데, 다들 어느 집안에 가정부로 고용되어 지내던 사람들이었다. 결혼도 하지 않고 자기 삶이라는 것이 따로 없이, 40년 혹은 50년 동안 몸과 마음을 바쳐 한 가족을 위해 헌신했던 이들이다. 이 여자들이 더 이상 일할 수 없는 형편이 되자, 집주인들은 그동안 고마웠다고, 잘 가라고 하며, 그냥 내보낸 것이다. 사회보장기관에 신고되어 있지 않았던 이 사람들은 아무런 연금도, 의료보험 혜택도 누릴 수가 없었다.

온 생애를 모든 것을 단념하며 희생 속에 산 뒤, 결국 가혹하게 내팽개쳐져 비참과 고독 속에 살아가는 이들…….

9월 27일

어떤 사람이 자기 자신에 관해 전혀 모르고 있는 아주 중요한 일을, 정작 우리는 알고 있는 경우가 있다. 그 사람은 정말로 그런 일에 대해 아무것도 모르거나 아니면 이런저런 이유로 그것을 알기를 거부한다. 애정 문제를 놓고 혹은 직업을

---

* Geneviève Asse(1923~). 현대 프랑스 회화를 대표하는 추상예술가. 1950년대 이래 '앗스의 푸른 빛'으로 불리는 독특한 색채로 알려졌다. 사무엘 베케트, 호르헤 루이스 보르헤스 같은 문인들과 깊이 교류했으며 대부분의 작품을 퐁피두 미술관에 기증했다.

두고 그 사람이 어떤 중요한 결정을 내리는 것을 보지만, 그런 결정이 결국 좌초되리라거나 재앙을 가져올 수 있다는 것이 빤히 보이는데도 우리는 아무런 이야기를 할 수가 없다. 이야기를 해준다 해도 당사자는 말뜻을 헤아릴 줄 모른다. 혹은 무슨 뜻인지 알았다 해도 전혀 개의치 않는다. 또는 그런 예상이 당사자에게 격렬한 감정을 불러일으킴으로써 상당히 심각한 결과를 낳을 수도 있다. 그러니 자신이 알고 있는 것을 그저 혼자 간직하고 지내는 편이 더 마땅하게 여겨져 우리는 남의 일에 간섭하지 않기로 하는 것이다.

몇 해 전, 내가 아는 처녀 하나가 젊은 남자를 만나 사랑에 빠졌다. 그녀는 결혼하고 싶어했다. 한두 번 그 청년을 만나본 나는 이 남자가 여자에게 적잖은 문제를 일으킬 사람이라는 생각이 들었고 결혼생활이 힘들겠다는 느낌이 들었다. 불행히도 내 예감은 적중했다. 하지만 내가 무슨 말을 할 수 있었겠는가? 내 염려는 그저 본능적인 느낌에 근거했을 뿐인데. 내 느낌을 솔직히 이야기했다면, 그녀는 어처구니없어하며, 자기 일에 끼어들지 말라고 했을 것이다. 당연하게도 말이다. 설사 내 말에 귀를 기울였다고 해도, 이내 아니라며 괘념하지 않았을 것이다.

간추려 말하자면 이렇다. 자기도 모르게 스스로 곤경을 마련하는 사람들, 그 곤경에 대해 남이 해주는 말을 들어야 할 사람들은 바로 다른 사람이 해주는 말을 듣기 싫어하는 이들이다. 반대로 남이 해주는 이야기를 무엇이나 귀 기울여 들을 줄 아는 사람은 일반적으로, 늘 마음이 열려 있어서, 다른 사람이 이렇다 하게 심각하게 조언해 줄 이야기가 그다지 없는 것이다.

9월 28일

크리스 레드로를 만나려 굳이 애쓸 필요가 없었다. 저절로 기회가 온 것이다. 제시 앞에서 그 사람 이름을 이야기하게 됐는데 자기가 아는 사람이라며 쉽게 연락이 가능하다고 했다.

사흘 전 그를 만나게 되었다. 한때 올블랙스의 주장이었던 사람. 럭비팬들의 기억에 그 이름을 새겨 넣은 대단한 재능의 선수. 그는 파리에 살다가 리옹에서도 2년을 지내게 되었는데, 학생 신분으로 공부를 계속하며 리옹의 럭비대표팀에서 활약했다. 프랑스를 아주 잘 알고 있을 뿐만 아니라 프랑스 럭비인들 몇몇과는 여전히 돈독한 관계를 유지하고 있다. 함께 이야기한 것은 겨우 한 시간 정도였지만, 곧 다시 볼 참이다.

그의 이야기로는 지난번 영국에서 벌어진 국가대표팀 경기 때, 영국 선수들이 뉴질랜드 럭비팀을 자기네와 전혀 다른 사람들로 여기는 것을 몇 가지 태도에서 느꼈다고 한다. 그런 일이 처음이라 뉴질랜드 선수들로서는 만족스러웠다. 자기들이 이제 자기 자신으로서 존재한다는 사실, 더 이상 과거 식민모국의 주민, 즉 '국왕폐하'의 또 다른 신민이라는 기준으로 존재하지 않는다는 사실이 인정된 것이다.

사람들 이야기로는 뉴질랜드인들에게 정체성의 문제가

있다고 한다. 과거 역사가 일천한 데다, 더욱이 조상들의 나라인 영국, 스코틀랜드, 아일랜드나 유럽에서 멀리 떨어진 채 고립되어 살아간다는 느낌으로 괴로워한다는 것이다. 뉴질랜드가 아예 표기되지 않은 지도도 있는데, 그 경우 뉴질랜드 사람들은 몹시 언짢아한다. 자기들이 살고 있는 섬을 그려 넣지 않는다는 것은 어떻게 보면 그들의 존재 자체를 부정하는 셈이기 때문이다.

젊은이들의 자살률이 높다. 그 이유가 서구 사회와 같은 것인지, 아니면 그들만의 어떤 특별한 이유가 있는지는 알 수 없다.

상당히 의미심장한 사실 한 가지를 기록해야겠다. 지난 겨울 미국이 이라크를 침공했을 때, 영국도 거기 발을 담갔다. 그런데 사상 처음으로 뉴질랜드 정부는—수상은 헬렌 클라크라는 여성이었다—자기 형제 나라의 태도를 그대로 따라하지 않고, 뉴질랜드 군인들이 이 한심한 모험에 발을 담그지 않게 하기로 결정한 것이다. 이 독립적인 행동은 나라 전체에 큰 반향을 일으켰다. 프랑스와 뉴질랜드는 동일한 입장을 취한 셈이다. 어리석고 기가 막힌 일이었던 저 '레인보우 웨리어(무지개 전사)호' 사건* 때문에 관계가 심각하게 손상된 두 나라로서는 우정을 복원하는 데 좋은 계기를 맞게 된 셈이다.

---

* 1985년 7월, 환경운동단체인 그린피스 소속 선박 '레인보우 웨리어 호'가 프랑스의 핵실험을 반대하기 위해 폴리네시아로 가던 중 뉴질랜드 오클랜드에 기착해 있다가 폭파되었다. 이 사건은 프랑스 정부와 정보기관이 관계되어 있어서 양국 간 외교 문제로 비화되었다.

9월 30일

오후 1시. 날이 점점 어두워지더니 천둥번개가 친다. 벽면이 유리로 된 이 건물 13층에 있으려니 휘몰아치는 바람에 밀려 우리 머리 위로, 또 도시 위로 흘러가는 구름들 사이에 있게 되었다. 비는 마치 쏟아붓는 듯했다. 파도가 일렬로 밀려오듯 비의 장막이 몰려와 유리창을 내리치는 것이다. 길 쪽으로 난 건물벽을 내리치고 다시 튀어오른 빗물이 콸콸 흐르는 듯했다.

유리벽 가까이 서있다가 그것을 둘러싸고 있는 금속구조물을 미처 보지 못했던 나는 한순간 깜짝 놀랐다. 나를 가려주는 것은 아무것도 보이지 않는데, 광풍뇌우가 내 앞에서 멈춰 서고 있었기 때문이다.

그 큰 공간에는 몇 사람이 함께 있었다. 나는 한순간 따로 떨어져서 밖에서 일어나는 일을 주시하고 있었다. 자연이 분노에 사로잡힐 때의 그 격렬함.

어제는 빅토리아 대학에서 학생들을 만났다. 내게 마지막 질문을 한 사람은 어떤 여교수였다.

"당신은 어딘가에서 암소들을 좋아한다고 쓴 적이 있는데, 암소에게서 배운 것은 무엇인가?"

어린 시절 소들이 풀 뜯는 것을 지키긴 했지만, 그 암소들을 생각하지 않은 지가 너무 오래되었기 때문에 이 질문에 당연히 놀랐지만 순간적으로 대답할 말이 떠올랐다.

"몽테뉴는 '세상의 속도에 맞춰 가라'고 충고하고 있다. 암소들이 내게 가르쳐 준 것이 있다면 아마도 자기들과 같은 걸음으로 가라는 것, 그처럼 느릿하게 삶의 길을 헤쳐가라는 것이었다."

이 답변은 내가 미처 생각할 틈도 갖기 전에 저절로 나왔다. 그러나 이 기록을 적고 있는 지금, 내가 한 이야기는 그저 말의 나열에 지나지 않는다는 것을 깨닫게 된다. 내가 저 뿔 달린 순박한 짐승과 맺었던 연결에 대해 아무것도 전해주지 못하는 말. 어린애였던 나는 생각할 줄을 몰랐고, 사람이며 짐승, 사물이 가르쳐줄 수 있었던 것을 조금도 배우지 못했다. 아이는 그 세계와 통합되어 한 몸이었기 때문에, 그 세계를 볼 줄도, 자기와 구분할 줄도 몰랐던 것이다. 당시 자신의 삶을 채우고 있던 것이 무엇인지를 의식하기 시작하려면, 자기 마을을 떠나지 않으면 안 되었다. 암소들은 내게 그 무엇도 가르쳐주지 않았던 것이 분명하다. 가르쳐 줄 수는 있었을 테지만 말이다.

너무 성급했던 이 답변을 수정하기 위해 나는 좀 더 일반적인 수준에서 이렇게 말하고 싶다. 농촌에서의 유년시절 동안 내 안에 새겨진 가치관을 나는 한 번도 부정해 본 적이 없다고. 그 가치관을 말로 표현한 적은 없다. 말하자면 나는 숨쉬는 공기와 함께 그것을 빨아들였던 것이다. 나를 입양해준 양어머니가 내게 준 것이야말로 가장 훌륭한 가르침이었다.

대학을 떠나려던 참에, 마지막 질문을 했던 그 여인이 우리를 집까지 차로 데려다 주겠다고 했다. 그런데 학생들의 통학로로 접어들더니 집이 내려다보이는 언덕 반대편으로 우리를 데려가는 것이었다. 덤불숲으로 사라지는 여러 오솔길들이 어디서 시작하는지를 보여주고 싶었던 것이다. 이어 자기 집을 보여주고 싶어했다. 만 깊숙한 곳까지 조망이 좋은 곳이라고 했다. 요리를 하려고 불 위에 올려놓은 스튜를 깜박 잊고 집을 나섰던 모양인데, 마침 타지는 않았으니 기왕이면 식사를 하고 가라고 했다. 남편이 도착하여 함께 오래 이야기를 했다. 하지만 이 나라에서는 아파트건 단독주택이건 난방을 하지 않는 경우가 흔해서, 나는 키위*들이 아주 특별한 존재라는 생각을 굳히게 되었다. 우리가 추위로 얼어붙다시피 한 것을 보더니 안되었던지 벽난로에 불을 피워주었다.

내 생일이다. 지금 단계의 삶에 이른 내 모습을 잠깐 되돌아볼 수 있는 좋은 기회다.

분명한 것은 내가 명료한 시선, 고요한 내면을 갖게 되었다는 것, 더 나은 삶의 방식을 알게 되었다는 것이다. 구속에서 해방되어 오래전부터 어떤 이상형에도 의지하지 않게 된 나는 자유롭고 자율적이라고 느낀다. 두려움, 탐욕, 긴장, 수줍음, 오래된 상처들……, 이 모든 것이 모습을 바꾸어, 끊임없는 삶의 씨줄과 날줄로 엮어진다. 그 때문에 가능해진 안정감. 나는 이것이 무척 소중하다. 나를 혼란스럽게 하고 생각마저 멈추게 하던 예전의 저 지나치게 격렬했던 감정들, 내가 맞서 싸워야 할 것들을 정면으로 응시할 수 없게 하던 그 감정들과 이제 더는 싸울 필요가 없다. 오랜 세월, 내가 여기저기서 끌어모아온 온갖 종류의 이질적인 지식 역시 마침내 제자리를 잡아, 인간과 삶에 대한 나의 이해력이 깊어졌다는 느

* kiwi. 뉴질랜드에 사는 새 이름으로, 뉴질랜드 사람을 가리키기도 한다.

낌이 든다. 인식은 섬세해져서 경직된 모습이 사라지고 유연해졌다. 글을 쓰는 동안 내가 느끼는 어려움은, 당연히 훨씬 줄어들었다. 그렇다고 해서 이제 아무런 어려움도 느끼지 않는다거나, 현재 상태에 그저 만족하고 있다는 의미는 아니다. 어딘지 모를 불만은 계속되고 있다. 그러니 지금까지 해온 것처럼, 나의 밭을 꾸준히 일궈나갈 일이다. 다만 내가 갈아 놓은 흙 위에서 어떤 싹이 돋을지, 과연 무엇이 돋아나기라도 할지를 전혀 걱정하지 않으면서 말이다.

두 가지를 더 적어둘 필요가 있다. 이미 여러 해를 살아온 셈이지만 나는 조금도 삶에 무덤덤해지지 않았다. 삶이 내게 주는 것을 받아들이기 위해 나는 젊었을 때처럼 똑같은 신선한 느낌과 기쁨을 맛보며 삶의 앞으로 나아간다. 때로 사람들이 나를 비난할 때 거론하는 저 순진성이 얼마쯤 나를 그렇게 만드는 것일까? 모르겠다. 확실한 것은 노년에 이른 사람들이 흔히 빠지게 되는 환멸과 시무룩한 태도를 나는 알지 못한다는 것, 그리고 그런 사실이 기쁘다는 것이다.

내 내면의 풍경이 바뀌고 있다는 점도 덧붙여야겠다. 남은 시간이—운명이 그것을 내게 허락한다면—별로 많지 않다는 사실을 나는 의식하기 시작했다. 그리고 구상 중인 계획들의 실현을 막연한 미래로 미룰 수 없다는 점도. 이따금 죽음을 생각하는 경우도 있다. 아직은 그 위협을 직접 느끼지 않아서 그럴 테지만, 나는 죽음 앞에서 아무런 두려움도 갖지 않는다. 고요한 마음으로 죽음에 대해 명상하려 하기도 한다. 그것이 내게 다가오는 날, 담담히 맞아들일 수 있도록 준비하기 위해.

로랑스와 렌이 몇몇 친구와 함께 저녁 초대를 해서 갔는데, 갑자기 생일 축하를 하는 것이었다. 인터넷으로 생겨난 개인 정보 유출, 그러나 기분 좋은 무례함이었다!

며칠 전 한 친구에게서 격앙된 편지를 받았다. 소년군사학교 시절부터 알던 사이인데 스무 살 무렵부터 서로 가깝게 지내게 되었다. 그러니 오랜 친구 사이라 할 만하다. 편지가 화로 가득 찬 이유는, 지난 몇 달 동안 그가 두 차례나 내게 만나자고 했는데—그르노블에 살고 있는 그는 이따금 훌쩍 리옹으로 오곤 했다—내게 연락할 때마다 매번 나는 집을 나서야 할 일 때문에 도저히 틈을 낼 수 없어서 그의 제안을 거절해야 했다. 편지도 두 차례 보낸 적이 있는데, 다음 번에 만나게 되려니 하는 생각으로 나는 답장을 쓰지 않았다. 그랬더니 내가 자기를 보고 싶어하지 않는다고 결론지은 것이다. 그러나 전혀 그렇지 않았다. 그가 화가 난 것은 이해할 수 있지만, 내가 비난받을 일은 아니었다. 그는 지금 은퇴하여 언제든 시간이 있지만, 나는 갈수록 일이 더 많아져 옛날보다 훨씬 여유가 없게 된 것이다.

10월 1일

뉴질랜드 주재 프랑스 대사 부부가 관저로 점심 초대를 하였다. 한국, 아이슬란드, 르완다, 볼리비아를 비롯하여 여러 나라를 돌아다닌 모양이다. 볼리비아란 말이 나온 김에 1986년 《르몽드》지에서 읽었던 어떤 기사가 생각나서 이야기를 꺼냈다. 기사에 따르면 티티카카 호수 부근 어떤 지역에서 기우제를 지내며 한 남자를 제물로 바쳤다는 것이다. 도끼로 사지를 절단해서 말이다. 대사 부인은 별로 놀라지 않았다. 그녀 이야기에 따르면 볼리비아에서는 집을 짓고 나서 그중 가장 젊은 노동자를 제물로 바치는 일이 드물지 않다고 한다. 다른 경우에는 어린 소녀들이 제물로 바쳐지기도 하는데, 그런 일 말고도 가난 때문에 도저히 키울 수가 없어서 그냥 없애버리는 일도 있다고 한다. 기사에 나온 젊은이는 자진해서 제물로 나섰을 수도 있으며, 아니 그랬을 것이 거의 분명하다고 했다. 순교자로 받들어지고 싶은 욕구가 그로 하여금 마을 전체를 위해 희생하는 자가 되고 싶게 했으리라는 것이다.

〈이민자들의 기억-마그렙의 유산〉. 1950년대에 프랑스는 알제리에서 수만 명을, 그리고 그보다는 덜하지만 모로코와 튀니지에서도 적잖은 사람들을 데려왔다. 이들 이민자에 대해 야스미나 벤기기가 만든 빼어난 기록영화가 세 차례 방영되었다. 광산에서, 건설현장에서 혹은 제철소에서 노동을 한 그들은, 생활환경이 비참해서 때로는 그야말로 빈민굴에서 살아가는 경우도 있었다.

자기들이 견디며 살았던 것을 이야기하는 사람들의 기막힌 증언.

자기 나라를 떠나 사는 것은 심각한 정신적 상처를 남긴다. 다른 나라로 떠나는 자는 가족이며 친구, 자기 언어와 익숙한 생활방식, 기후로부터 떨어져 나가는 것이다……. 거기 더하여 고독을, 그리고 고국에 남은 가족과 교류가 단절되는 경험까지 하게 된다.

오랫동안 사람들은 이들 이주노동자를 그저 노동력의 관점에서만 바라보았다. 그들 역시 인간이라는 사실을 잊고서 말이다. 그들이 겪은 굴욕은 지울 수 없는 상처를 남기고 있었다.

두 번째 방영분은 언제부터인가 자기 남편과 합류하는 것이 허락되었던 여인들에 관한 이야기였다. 그녀들에게도 고국을 떠나 다른 땅에 가 산다는 것은 뿌리가 흔들리는 힘든 경험이었다.

세 번째 방영분에서는 첫 세대의 자녀들에 관한 증언이 담겨 있었다. 그들 중 많은 수가 냉소적이고 반항적인 까닭이 이해되었다.

이 프로그램을 보는 동안 내내, 내가 이곳에 오기 전, 한 알제리 친구가 내게 해준 말이 뇌리를 맴돌았다.

"우리 아버지는 어떤 날씨건 밖에 나가 일을 했다. 웬만한 고통에는 눈 하나 깜짝 않는 단단한 분이었지만, 겨울밤이면, 노동 끝에 녹초가 되고 탈탈 굶은 채 추위에 얼어붙은 아버지가 울면서 집에 들어서는 모습을 더러 본 적이 있다."

이것을 적고 나니, 글쓰기에 전념하기로 작정한 몇 해 뒤 내가 겪은 일을 이야기해도 될지 모르겠다. 실은 부끄럽다 해야 할 일이지만 말이다. 그들에 대한 내 나름의 인사 방식이 얼마나 턱없이 순진한 것이었는지. 그 순진함을 사람들이 우습게 여기리라 싶지만, 무슨 상관이랴. 그 무렵 나는 정신적으로 무너진 상태였다. 그래서 세상이 무시하거나 내팽개친 사람들과 나 자신이 가까운 존재라고 느끼고 있었다. 하루가 저물 무렵, 어쩌다 마주치게 되는 이주노동자를 보면, 나는 그에게 심각하고 고통에 찬, 불안한 느낌을 줄 수밖에 없는 시선을 보냈던 것이다. 그리고 동시에 머리로 갸웃 인사 같은 것을 했다. 프랑스 사람 하나가 그를 알아보고 그를 자신과 동류로 여기며, 그에게 얼마간 인간다운 마음을 전하고 싶어 한다는 것을 보여주기 위해서 말이다. 그때마다 그 사람의 시선은 내 눈길을 피해가곤 했다.

상당히 무거운 플라스틱 의자 네 개가 서로 포개진 채 우리 거처 곁에 딸린 작은 별채와 벽 사이 모퉁이에 끼어 있었다. 그 자리는 바람이 어찌할 수 없을 만한 곳이다. 그러나 지난 밤, 바람에 뒤집힌 의자들이 몇 미터를 밀려 나갔다. 포석을 긁는 의자 소리에 잠이 깨었다. 그 뒤 잠은 오지 않고 거친 바람이 목조가옥을 흔드는 소리를 듣고 있으려니, 몇 시간 전 사전에서 읽었던 보들레르의 시구가 생각났다.

으르렁대는 바람들의 거대한 풍금

바람소리를 듣는 동안 이 놀라운 시구가 얼마나 정확한 표현인지 알 수 있었다. '거대한 풍금'은 바람의 힘과 그 커다란 숨결을 제대로 표현하고 있다. '으르렁대는 바람들'은 '바람의 윙윙 소리들'보다 더 간결하고 인상적이며 덜 상투적이다. 거친 바람 때문에 세상이 흔들리면 으레 쓰는 표현이 '윙윙거리는 소리'이기 때문이다.

이 나라의 항공교통이 과밀한 편이라고 할 수 있는지는 잘 모르겠지만 낮에는 늘, 그리고 밤에도 어떤 시간대에는 줄곧, 방금 이륙한 비행기나 고도를 낮추고 착륙 준비를 하는 비행기의 소음이 끊이질 않는다.

철도망이 낡아 기차는 느리다. 웰링턴에서 오클랜드로 가는 데 열한 시간이 걸린다는데, 비행기를 이용하면 한 시간이다. 게다가 길이 구불구불하여 뉴질랜드인들은 국내 여행의 경우에도 비행기를 택한다고 한다. 항공수단이 중요할 수밖에.

내 생각에 조종사들은 모두 노련한 사람들인 것 같다. 이륙도 그렇지만 착륙하는 일이 만만치 않은 경우가 종종 있기 때문이다. 돌풍이 잔잔해질 때까지 만 위를 선회하며 착륙할 때를 기다려야 하는 경우도 드물지 않다.

쿡 해협은 타스만해와 태평양 양쪽 해류와 기후가 만나는 지역이다. 그래서 물살은 거칠고 해협 주위로는 늘 날씨가 불안정하며 변덕스럽다. 빈번하게 몰아치는 바람은 그 거칠기가 표현하기 어려운 경우도 있다.

10월 3~10일, 오클랜드에서

택시로 공항에 가면서 잠시 기사와 이야기를 나누었다. 유고슬라비아 출신인 그는 전쟁 통에 고향에서 쫓겨 나왔다. 영어를 하는 부인 덕분에 뉴질랜드 입국 비자를 받을 수 있었다고 한다. 최고학부를 다녔고 편집관계(?) 분야에서 일을 하고 있었다는데, 회한에 차 있을 법한데도 전혀 그렇지 않았

다. 이 나라에 있는 것이 되레 행복하다는 것이다. 전쟁 동안 수천 명의 동국인이 목숨을 잃은 데 비해 그저 살아 있다는 그 단순하고 근본적인 이유만으로 그럴 수도 있겠다. 내전 중에 뉴질랜드로 오게 된 유고슬라비아인은 이삼천 명 정도였다. 그러나 얼마 뒤 상당수가 다시 이곳을 떠나 봉급이 더 많은 호주에 정착하게 된다.

진지한 표정에 범상치 않은 인간적 밀도가 보이던 이 사람은 우리가 하는 질문에 기꺼이 답을 해주었다. 생테티엔 축구팀 전성기 때 그 수문장이던 쿠르코비치 이야기를 하자 그가 몹시 즐거워하던 모습.

공항에서 본 키 크고 건장한 세 명의 마오리족. 그중 하나가 흐느끼며 울고 있었고 다른 하나는 그를 두 팔에 안고 달래고 있었다.

웰링턴과 오클랜드는 6백 킬로미터쯤 떨어진 도시로, 비행기가 이륙 후 충분한 시간 동안 고도를 높여야 난기류를 빠져나가는데 그러기가 어렵다. 기체가 상당히 흔들렸다.

알제리에 정착한 프랑스인인 다니 제임슨 여사와 점심. 오랑에 살던 그녀 가족은 포르 씨 집안과 잘 알고 지냈는데, 이 집의 세 딸 중 하나가 나중 카뮈의 부인이 된 프랑신이다. 프랑신과 카뮈에 대해 그녀가 해준 이야기는 무척 흥미로웠다. 알제의 대학시절에는 선생님 한 분이 카뮈의 친구였다고 한다. 그는 시험 준비를 시키기 위해, 학생들을 산이나 바다로 며칠씩 데리고 나갔다. 그녀는 티파사의 유적지*에서 베르길리우스의 작품을 읽고 번역했던 일을 기억하고 있었다.

지금 이 글을 쓰고 있는 곳은 호텔 방이다. 항구와 바다, 안개에 가린 한두 개의 섬이 아래쪽에 내려다보인다. 분주하게 움직이고 있는 항구. 하늘보다 훨씬 어두운 회색의 바다.

레일린의 마음씀에 감동하다. 나를 초청한 대학교수인 그녀는 데본포트—아름다운 가옥들이 서있는 교외의 주택지구다—에 있는 자기 아파트를 나더러 쓰라고 내주었다. 차를 빌려줄 테니 섬 북쪽으로 나들이를 가라고 세 차례나 거듭 권하는 것이었다.

대학에서 강연을 마친 뒤, 레일린, 스테파니와 함께 점심을 했다. 스테파니는 누메아에 살고 있는 프랑스 처녀인데, 박사논문 준비를 위해 이따금 오클랜드로 온다. 그녀 아버지가 튈에 있는 소년군사학교를 나왔는데, 대령으로 예편했다고 한다.

대학구내에서나 길거리 혹은 뒷골목에서 보이는 아시아계 학생들의 수에 놀랐다.

와이에키 섬에서 주말을 보내다.

근래 수십 년 동안 섬 주민 대다수는 영국이나 독일 혹은 프

* 알제리 해안에 있는 마을로 로마 시대 유적이 있다. 카뮈는 이곳을 소재로 〈티파사의 혼례〉라는 수필을 썼다.

랑스, 중부유럽 출신의 주변인들이었는데, 최근 몇 년 전부터 오클랜드 주민들이 이 섬에 별장을 지으면서 귀한 곳이 되었다.

굴곡이 아주 심한 해안. 곶과 반도가 계속 이어진다. 아름다운 모래사장들.

풀과 관목에 덮힌 두 언덕 사이에 작은 물굽이 하나. 우리는 인적 없는 만에서 배를 내렸다. 장비라고는 임시 선교뿐. 언덕 사이 길로 오르니 작은 마을이 하나 나타난다. 길 양쪽으로 서로 마주 보고 있는 집이 한 스무 채 되었다.

빼어난 솜씨로 조립된 새로 지은 목조주택에서 자다. 나무랄 데 없는 심미안. 그 완벽함이 느껴졌다. 집주인인 마오리 여자와 이야기를 조금 나눴다. 미소 띤 얼굴로 우리에게 집을 소개해 준다. 아침에는 날씨가 불확실하여 집에 앉아 《이방인》 다시 읽기를 마치다. 기이한 순간. 여러 느낌이 뒤섞인 혼란을 체험했다. 이 공간, 이 장소, 나무 집을 둘러싼 녹음에서 오는 느낌들. 그리고 이 책이, 카뮈의 작품을 다시 접하는 경험이 내게 불러오는 느낌과, 책의 내용이 내 안에 휘저어 놓은 것들. 얼마 전 다 읽은 정신분석관련 책에서는 뫼르소가 심각한 우울증을 앓고 있다고 해석했다. 예전에 몇 차례 《이방인》을 읽으면서는 그런 측면을 놓쳤던지라, 다시 한 번 이 작품을 꺼내 주의 깊게 읽고 싶어졌다.

《이방인》은 내가 최초로 읽은 두세 권의 책 중 하나다. 그 책을 손에 쥐게 되었을 때의 나는 독서 경험이 전혀 없었다. 내가 강한 충격을 받았던 것은 소설이 시작되는 첫 부분의 몇 줄 때문이었을 것이다.

"오늘 어머니가 돌아가셨다. 아니 어제였던가, 잘 모르겠다. 요양원에서 전보가 왔다." 그 뒤에도 서너 차례 이 작품을 읽었던 것 같다. 그러나 매번 알 수 없는 감정에 휩싸인 채, 주인공 뫼르소의 행동을 분석할 겨를이 없었다.

뫼르소는 무관심이라는 갑옷을 자기 존재 전체에 두르고 있는 인물이다. 어떤 감정도, 느낌도, 삶을 이끌어갈 어떤 의지도 사라진 그는 자기 자신에게 그리고 세상에 대해 부재 상태로 있는 것이다. 심지어 아무런 기억도 가지고 있지 않다. 우리는 그의 유년에 대해서 알지 못하고 그의 어머니, 그의 과거, 아버지의 부재 상태도 알 수 없다……. 살인을 저지른 뒤에도 그는 아무런 후회나 가책을 느끼지 않는다. 인간성이라는 것이 철저히 사라진 인물로 보이는 것이다.

뫼르소가 카뮈는 아니다. 그러나 작가가 이 인물 안에 자신의 많은 부분을 담아놓았다는 것은 이론의 여지가 없을 것이다. 이 책을 쓰기 시작할 무렵 카뮈의 나이는 스물일곱이었다. 〈혼례〉에서, 솟구치는 열정과 삶에 대한 감각적 기쁨으로 어쩔 줄 몰라하던 그 젊은이가 더는 아닌 것이다. 젊음의 약동이 사라진 그는 어쩌면 자기도 의식하지 못하는 우울증과 싸우고 있었는지 모른다. 이 우울증은 그 성격이나 비중이 가지가지일 여러 요인 때문에 생겨났을 것이다. 그가 한 살이었을 때 전쟁터에서 죽은 아버지, 말을 못하던 벙어리 어머니, 고등학교 시절의 학교 생활과 가난하고 문맹인 가족들과의 삶 사이에 놓인 거리, 결핵으로 인한 대학 공부 포기, 결혼 실패, 정치에 대한 환멸, 전쟁의 위기, 거기에 더해진 우울한 일상, 시시한 일거리들과 막연한 미래. 그것은 의심과 반항, 그리고 실의의 시절이었던 것이다.

이 일련의 일들을 연결시켜 보면, 그것은 좌절로 귀결될 수밖에 없을 것이다. 지치고 고통스러운 상태…… 이 고통을 더 이상 견딜 수 없을 때, 사람은 모든 느낌, 모든 감정을 죽여 버림으로써 고통을 끝장내려 하게 된다. 완전한 무감각의 상태, 완전한 무관심의 상태에 다다르기. 더 이상 갈가리 찢기지 않기 위하여. 더 이상 피 흘리지 않기 위하여.

내가 구하게 된《이방인》판본에는 카뮈의 짧은 서문이 곁들여 있는데, 내가 미처 모르고 있었던 글이다. 그는 이렇게 쓰고 있다. "뫼르소는 남들이 하는 식의 놀이 규칙을 따르지 않는다. (...) 그는 거짓말하기를 거부하는 것이다. 없는 것을 말하는 것만이 거짓말은 아니다. (...) 느끼는 것 이상으로 말하는 것 역시 거짓말하는 것이다. (...) 그는 자기 감정을 과장하기를 거부한다. 그가 감수성이 박탈된 존재라고 할 수는 없다. 오히려 깊은 열정이 그를 움직이고 있다. 절대적인 것에 대한 열정, 진실에 대한 열정이 말이다. 그것은 아직 부정적인 진실, 삶과 감정의 진실이다."

이 글을 뫼르소에 적용할 수 있을 것 같지는 않다. 그는 아무런 감정이 없는 사람, 아무런 도덕적 구조를 지니지 않은 사람인 것이 분명해 보이기 때문이다. 한 존재가 '진실에 대한 절대적 열정'을 지닐 때, 그는 상황의 장난감이 될 수 없다. 자신의 길 말고는 어떤 길로도 휩쓸려 가지 않으며, 자기가 추구하는 바와 모순되는 어떤 행위도 하지 않는다. 반면 이 글에서 카뮈는 스스로 늘 지녀왔던, 진실에 대한 염려를 표현하고 있는 것이 확실하다. 그 누구보다 작가야말로 소중히 여겨야 할 것이 있다면, 그것은 바로 자기 입술을 통해 나오는 말들, 백지 위에 자신이 쓰는 말들이 진실해야 한다는 사실이다. 내면의 현실 한복판에서 체험된 것과, 이 동일한 체험이 만들어내는 글 사이에 한 치의 어긋남도 용납해서는 안 되는 것이다.

문제는 단순하지 않다. 자아를 지우기 전에는, 자아가 가진 두려움, 환상, 욕망, 생각, 신념 등등에 의해 우리가 인지하고 느끼고 생각하는 것이 변질된다. 지각이 우리 자신의 깊은 내면과 일치하기 위해서는, 자아의 권능을 무너뜨리는 것이 중요하다. 지각의 문들을 정화해야 할 필요성을 이야기하며 블레이크*가 말하고 싶었던 것이 바로 그것이리라.

그러나 존재가 자기 심층의 본성과 일치하는 지각들, 곧 느낌과 체험을 갖는다 하더라도, 또 다른 문제가 나타난다. 파악하기 어렵고 불투명하며 복합적인 진실이 생각을 통해 말들로 바뀔 때, 이 생각은 진실을 수정하고 변형하며 왜곡하여 재현할 수 있다.

우리들 내면에서 체험되는 것에 대해 그 참과 거짓을 알아차리는 것, 체험된 것과 말 사이의 관계에 대해 그 참과 거짓을 알아차리는 것, 마음에 이 두 가지 알아차림이 살아 있기 위해서는 초탈함과 명석함, 달리 말하면 자신에 대한 바른 인식이 필요하다.

---

* William Blake(1757~1827). 영국의 시인, 판화가.

이 모든 생각을 요약하자면, 생각이 자아에 의해 지배되는 한, 생각이 참과 거짓을 분별할 수 없다고 할 수 있다. 자아로부터 해방되고 나서야 생각은 비로소, 말로 표현된 것이 내면의 밤 깊은 데서 솟아나는 것을 충실히 전하고 있는지를 알게 된다.

프랑스인들의 축제. 벨기에 가수가 한 사람. 섬에 사는 프랑스 여성들을 모아 만든 합창단. 여러 개의 스탠드가 설치돼 있다. 모두가 화기애애하고 친절하다. 브람 반 벨드의 누이 자코바를 알고 있던 네덜란드 여자를 만나다. 바람과 추위로 조금은 망쳐진 날.

웰링턴 인근에서 홍수가 났다. 남쪽섬에서 어린 양들이 떼죽음을 당하다. 관광용 비행기 한 대가 실종.

다니엘과 로제는 지금은 은퇴한 프랑스어 교사 부부. 은퇴했다는 사실을 믿기 어려울 만치 젊어 보인다. 깊은 속까지 선한 사람들. 그들은 마르티니크와 레유니옹, 뉴칼레도니아*에서 교사 생활을 했고, 프랑스로 돌아갈 때가 되자 뉴질랜드에 남기로 마음 먹고 이곳 와이에키 섬에 정착한 것이다.

집을 사면서 집에 있던 일체의 것을 함께 샀다고 한다. 집의 위치가 위치이니만큼, 새로 살림을 꾸려 들어오려면 갖가지 문제가 생길 뿐만 아니라 비용도 상당할 것이기 때문이었다.

녹음에 둘러싸인 집은 찻길에서 떨어져 야트막한 언덕에

* 카리브해와 인도양에 있는 프랑스 행정구역 및 영토의 이름이다.

위치하고 있었다. 많은 사람이 그런 집에서 살고 싶다고 생각할 법했지만, 집을 떠나오며 문득 내게 든 생각은, 나는 결코 도시를 떠나 살 수 없으리라는 것, 내 생애 말년을 프랑스 밖에서 마치고 싶지는 않다는 것이었다. 그 생각이 어찌나 생생하던지 스스로 놀랄 지경이었다.

서로 알게 되어 무척 좋았는데도 더 깊이 사귈 수 없었던 것이 아쉬웠다. 부인인 다니엘은 아주 섬세한 수채화를 그리는데, 소장하려는 사람들이 있는 모양이다.

와이에키 섬에 갔다 오는 길에 페리에서 만난 한 여인이 자기가 살아온 내력을 들려주었다. 꽤 나이가 든 편이었지만 여전히 아름다웠고 나는 기쁜 마음으로 그 이야기를 들었다.

영국인 부모님을 둔 그녀는 인도에서 태어났다고 한다. 아버지는 차와 커피 전문가로 영국인 소유 대규모 농장의 총지배인 일을 하고 있었다. 맡은 일이 일인 만큼, 상상하기 힘들 정도의 호사를 누리고 사는 인도 상류층과 왕족들을 사귀고 있었다. 어머니는 이들 부인네들과 함께 유람선을 타고 여행을 떠나곤 하였다. 날이면 날마다 연회가 베풀어졌는데, 마치 천일야화에 나오는 축제를 방불케 했다는 것이다. 그녀의 유년은 공주마마의 시절이었다.

그러다가 정치적 소용돌이가 일어나 인도에서 쫓겨나게 된 부모는 말레이시아에 가서 석유와 고무 산업에 종사하게 된다. 그 분야의 전문가가 된 아버지는 여전히 왕족이나 대지주 등 부자들만 만나며 살았다. 그런데 얼마 가지 않아 아직 나이가 그리 많지 않은 부모 두 분이 모두 돌아가시고 말았다. 두 분 다 자기 집안의 하나뿐인 외아들, 외딸이어서 그녀는 일가친척 없는 외톨이가 되었다.

그녀는 아시아에 기반을 둔 상당한 규모의 미국계 회사를 경영하는 어떤 미국인의 아내가 되었다. 아들 하나 딸 하나를 낳았고, 인도 아이 둘을 입양했다. 한 십이삼 년, 그녀는 호화로운 삶을 누렸다. 화려한 저택에 몇 헥타르가 되는 공원, 자기 소유로 직접 타던 말들, 기사 딸린 승용차, 수많은 하인들. 아이들은 각자 한 명씩의 보모가 딸려 있었다. 그러다가 남편이 그녀를 버리게 된다. 그녀에게 불만이 있어서가 아니라, 젊은 중국 여자를 만나게 되어 그 여자와 살기로 결심한 것이다. 그날 이후로 그녀는 한 번도 남편을 보지 못했고 아무런 소식도 듣지 못했다고 한다. 그녀의 처지는 극에서 극으로 바뀌게 되었다. 셈할 줄도 모른 채 펑펑 쓰며 살던 특권층의 삶에서 얼마 안 가 곧장 무일푼의 처지가 된 것이다.

그녀는 네 아이를 데리고 남태평양의 바누아투 섬으로 갔다. 그곳은—아마 지금도 그렇게 살고 있을 것이다—남자는 아랫도리만 가리고 여자는 알몸 그대로 원시적으로 사는 곳이었다. 이민법 때문에 정착할 수 없었던 그녀는 다시 뉴칼레도니아로 건너갔다. 가진 돈은 하나도 없고, 프랑스어는 단 한 마디도 모르며 직업도 없고 일해 본 적도 없는 상태였다. 애들을 데리고 강가에 텐트를 치고 살았다고 한다. 그리고 먹을 것을 얻기 위해 애들과 함께 쥐들이 우글거리는 쓰레기장을 뒤지고 다녔다. 빈 병이라도 하나 찾으면 아이는 그것을 흔들며 "엄마, 여기 바게트 빵 하나!" 하고 외쳤다. 빈 병은 보증금이 지불되므로 병 하나를 갖다 주면 바게트 빵 하나를 내주기 때문이다.

그곳 백인들에게 경멸의 대상이었던 그녀는 이것저것 보수가 시원찮았을 허드렛일들을 하곤 했다. 어떤 때는 며칠째 일을 하고도 한 푼 못 받는 경우도 있었고, 제때 주지 않고 미루는 일을 당하기도 하였다. 그때마다 그녀와 아이들은 막막한 생계 앞에서 허둥거렸다.

어릴 적 호사를 누렸던 두 아이는, 적어도 특별하다고 할 이 생활을 몹시 힘들어했지만, 여러 해를 비참 속에 살아본 적 있던 두 인도 아이는 별 어려움 없이 새로운 상황에 잘 적응하였다. 두 여자 아이 다 피부가 몹시 검어서 그녀에겐 백인 아이 둘과 흑인 아이 둘이 있는 셈이었다. 대다수가 인종주의자인 그곳 백인들이 그녀를 좋게 볼 리 없었다. 어떤 의사는 두 여자 아이의 진찰을 거부한 적도 있었다. 자연으로부터 검은 피부를 갖고 태어난 것인데도 말이다.

그녀는 좌절할 줄 모르는 사람, 도량이 크고 숨은 역량이 비상한 사람이다. 갖가지 싸움을 이겨내고 수많은 절망을 극복해낸 뒤 마침내 자리를 잡게 된 그녀는 네 아이 모두를 교육시킬 수 있었다. 지금은 혼자 살게 된 터라 뿌리와 부모, 가족이 그립다고 한다. 그래서 한 번도 가본 적이 없는 나라지만, 프랑스에 사는 두 할머니를 양어머니처럼 여기며, 규칙적으로 전화를 드린다는데, 매번 통화가 길어진다는 것이다.

그녀가 주인이 되어 살고 있는 집이 마음에 들었다. 바다에서 멀지 않은 작은 언덕 비탈에 기초 말뚝을 박고 그 위에 지은 집은 부근의 굵직한 나무들과 같은 높이에 있었다. 높이를 달리 하여 여기저기 배치된 방들은 흔히 보는 집들과 구조가 많이 달랐다. 한 마디로 그녀를 닮은 집이다. 그녀가 내게 말했다. "아침이면 차와 빵을 들면서 삶을 축복한답니다. 하루가 시작되는 순간 무엇인가를 조금 먹는 것만큼 자연스러운 일은 없다고 생각해요. 그런데 아침에 눈을 떴을 때 빵도 커피도 없는 날이 내겐 너무 많았어요. 종일 내가 뭘 먹게 될지조차 알 수 없었지요."

멋진 일이다. 그렇게 많은 어려움을 겪고 나서도 그녀가 조금도 뒤틀린 마음을 갖지 않은 채 여전히 삶을 위해 헌신하고 있다는 것은.

오클랜드의 길거리를 오랫동안 산책하다. 웰링턴보다는 마음에 훨씬 덜 드는 도시.

대학 근처에 있는 공원에 기이한 나무가 한 그루 있다. 거대한 몸체는 마치 여러 개의 줄기가 합쳐진 듯했는데 벌집처럼 된 곳이 있는가 하면 텅 빈 구멍도 있고, 혹들도 달려 있다.

데본포트에도 비슷한 나무가 한 그루 있는데 아마 나이가 더 들었을 것이다. 아래쪽 줄기들에 달린 별스런 곁가지들은 모두 땅 쪽으로 내려오다가 어느 날 뿌리를 내린다. 어떤 것들은 마치 두툼한 거미줄처럼 생겼는데 보고 있노라면 별로 유쾌한 기분이 들지 않는다. 이 거대한 두 나무는 꼭 한 번 봐둘 만하다. 일단 본 사람들은 결코 그 모습을 잊지 못하게 된다.

오클랜드 공원 가장자리에서 본 두 개의 조각상이 흥미로웠다. 하나는 크리스 부스*의 것으로 웰링턴의 식물원에 있

---

* Chris Booth(1948~). 뉴질랜드 출신의 세계적 조각가. 대형 조각상들이 많으며, 태평양에서의 프랑스 핵실험을 감시하기 위해 뉴질랜드에 정박 중

는 것과 비슷한 작품이다. 크기와 형태가 다른, 커다란 조약돌 모양 화강암 스무 개 정도를 얹은 기둥 두 개가 평행하게 세워진 것이다. 일본인 조각가 히로아키 우에다가 만든 작품은 전혀 다른 모습이다. 두 개의 거석을 수직으로 세우고 그 위에 수평으로 세 번째 거석을 걸쳐 놓았다. 아름다운 석류빛 돌에 잿빛이 섬세하게 섞여 있다. 선(禪)의 정신에서 나온 듯한 이 작품이 오랫동안 내 눈길을 끌었다.

오후를 전쟁기념관에서 보내다. 폴리네시아 지역 예술과 관련한 뛰어난 수장품들. 거대한 토타라 나무를 파서 만든 30미터 길이의 전투용 배는 80명의 전사들을 실어 나를 수 있다. 오클랜드로 가던 고갱*이 이곳에 잠시 들러 바로 이 전시품들과 전함에 대해 감탄했던 일이 문득 떠올라 가슴이 뭉클하고 기뻤다.

전시관을 나와 보니 언덕 아래에서 큰 공사를 진행 중이어서 시내로 걸어서 가기는 어려웠다. 공원에서 산책 중이던 여성에게 제일 가까운 택시 정류장이 어디인지 물었더니 핸드폰을 꺼내서 직접 차를 불러준다.

시립미술관에서 세잔의 그림을 보게 되어 깜짝 놀라다. 무척 기뻤다. 귀한 벗을 직접 만나기라도 한 듯. "붓질하는 매 순간마다 나는 목숨을 건다." 중간 크기의 유화. 〈프로방스 풍경〉. 호리호리한 소나무들, 경사진 땅, 그리고 낮은 쪽에는 보

이다가 프랑스 비밀요원들에 의해 폭파된 그린피스 소속 '무지개 전사'호를 기념하는 작품을 만들기도 하였다.

** Paul Gaugain(1848~1903). 프랑스 화가. 유럽 부르주아 문명의 물질주의에 맞서 영혼을 옹호하는 그림을 그리면서 현대 회화에 영향을 미쳤다.

일 듯 말 듯 그려진 길과 집들. 황토색과 푸르스름한 초록, 엷은 노랑으로 밝아진 초록. 아름답다. 이 작품으로 마음이 가득 차고 말아 더 이상의 관람은 단념할 수밖에 없었다.

국립해양박물관에는 수많은 배들이 있는데 그중에는 초기 정착민들이 타고 온 배도 있다. 역사가 담긴 배들. 폴리네시아, 멜라네시아, 미크로네시아 등지에서 온 마오리족의 배들. 이들이 만드는 직물들. 물에 뜨는 나무를 양 옆에 매단 작은 배들, 선체 셋으로 된 트리머랜의 조상격이다. 영국 배, 네덜란드 배. 난파사고의 잔해들. 한 층 전체가 이민자들을 주제로 하고 있다. 당시 배를 타고 건너오는 데는 오륙 개월이 걸렸다. 선창 안에서 고통스러운 항해를 견디는 모습이 생생하게 재현되고 있다. 인형이 주는 느낌이 실제와 너무 흡사해 충격으로 얼얼해지다. 서로 뒤얽혀 지내야 하는 생활, 토사물의 역한 냄새, 씻을 물은 부족하고 영양은 형편없으며, 배 곁을 후려치는 끊임없는 파도 소리, 갑갑함, 배멀미, 폭풍, 난파의 공포……. 아이들은 물론 어른들도 죽어가고 있었다.

이들이 겪었던 것을 조금이나마 체험하게 해주려고 전시실 바닥이 앞뒤로 혹은 좌우로 키질과 옆질을 한다. 정말 알 것 같았다.

2년 전 아마존에서 잔혹하게 살해된, 뉴질랜드의 진정한 국민영웅이자 화려한 수상경력의 요트항해자 피터 블레이크*

* Peter Blake(1948~2001). 최단시간 세계 일주를 하는 등 요트항해의 전설적 인물. 지구온난화를 경고하는 환경운동 과정에서 해적들에게 살해되었다.

특별전이 열리고 있다.

마지막 밤은 이조드 부부와 함께 저녁식사. 아흔세 살인 그는 몸도 마음도 건강하기 짝이 없다. 영국과 아일랜드계 후손이다. 집안 소유의 아일랜드 집은 폐허가 되었다고 한다.

그는 파리에서 30년을 살았다. 처음엔 학생으로, 나중에는 유네스코 직원으로. 로제 카이와,* 코르타자르,** 우탐시,*** 타하 후세인****의 아들 등을 알고 있었다. 훈훈한 우정의 시간, 파리를 사랑하는 이 사람은 몽테뉴와 생종 페르스*****를 인용하였다.

두 딸 중 하나가 살고 있는 캔버라에 가서 부인과 한 달쯤 머물 예정이라고 한다. 럭비 선수로 뛸 때는 스크럼 하프를 맡았는데, 호주에 머무는 동안 럭비 월드컵 경기를 몇 차례 관람할 모양이다.

"그들 모두의 목소리에 내 작은 목소리를 더하러 갈 참이오. 힘들 내라고요."

---

* Roger Caillois(1913~1978). 프랑스 지식인. 반파시즘 운동가. 문학비평과 사회학, 철학을 결합한 독특한 저술을 남겼으며, 라틴아메리카 문학을 프랑스에 소개하는 데 기여하기도 하였다.

** Julio Cortazar(1914~1984). 프랑스에서 주로 활동한 아르헨티나 작가. 라틴아메리카 작가 한 세대 전체에 깊은 영향을 미쳤으며, 남미에서의 인권옹호를 위해 활동하고 니카라과의 부유층 소수독재에 저항한 산디니스타 혁명을 지원하였다.

*** Tchicaya U'tamsi(1931~1988). 콩고 출신 작가이자 언론인. 루뭄바의 지지자로서 독립운동에 헌신했으며, 흑인의 정체성을 긍정하고 찬양하는 '네그리튀드' 운동의 정신적 스승 중 하나가 된다. 그의 작품은 주로 정복자와 희생자의 관계를 탐구한 것이다.

**** Taha Hussein(1889~1973). 이집트 근대파 문학의 걸출한 작가. 두 살 때부터 맹인이 되었으며, 특히 그의 전기가 널리 알려졌다.

***** Saint John Perse(1887~1975). 카리브해 출신의 프랑스 시인, 외교관. 1960년 노벨문학상을 수상하였다.

공항에서 그 사람 생각이 났다. 몇 그룹으로 된 응원단들이 검은 옷을 입고서 시드니로 날아갈 채비를 하고 있었다.

며칠 전에 받은 그림엽서의 사진은 아마도 20세기 초엽, 세벤 지방에서 찍은 듯하다. 여자 몇 사람과 한 남자, 그리고 아이들이 반원형으로 둘러앉아 있는데, 감자를 담아 나를 때 쓰는 커다란 포대자루를 무릎 위에 하나씩 펼치고, 미리 잘라 놓은 뽕나무 가지에 붙은 누에고치를 따고 있었다. 그런데 그들의 표정에 담긴 무거움, 그 슬픔이 내게 충격을 주었다. 꽤 오래된 옛 사진을 보면 일반 서민들이 얼마나 큰 슬픔에 잠겨 있는가를 자주 느끼곤 했다. 사진기 앞에 설 때면 그들이 상당히 긴장하는 것을 알 수 있는데, 표정과 시선에서 내가 읽게 되는 것은 깊은 슬픔이다. 조금도 놀라운 일이 아니다. 삶은 혹독하고 기쁜 일은 드물었다. 서민층에서 태어난 우리 세대 사람들 역시, 대부분 넉넉하다고 할 수 없는 어린 시절을 겪어야 했다. 내 기억에 떠오르는 것은…… 눈, 끝나지 않을 것 같은 겨울, 난방을 하지 않아 창에 얼음이 얼던 방, 축축한 이불, 비가 오나 눈이 오나 물뿌리개 두 개를 들고 우물로 가서 길어 와야 했던 물, 초라한 식사, 행여 귀찮은 일이 생기지 않도록 감시를 게을리 하지 않으면서 암소들 뒤에 웅크리고 앉아 있어야 했던 시간들…….

이 글을 마치려고 보니 텔레비전에서 본 아프리카 여인들이 생각난다. 머리 위에, 양손에 각각 물동이를 하나씩 이고 든 채 물을 길러 몇 킬로미터씩을 걸어야 했던 사람들. 이 여인네들이나 가난한 나라의 수백만 명 사람들이 살아가는 모습과 견주어 보면 우리는 특권층이었다고 할 만하다. 그러나 춥고 배고플 때는, 다른 사람이 우리보다 훨씬 불행하다고 자신에게 되뇌어 봐야 아무 소용 없다. 세상에서 어떤 일이 벌어지는지도 우리는 전혀 몰랐다. 그러니 우린 그래도 낫다는 생각을 해볼 수도 없었다.

내 전기를 쓰고 있는 안느를 위해 옛 기억들을 더듬어 보았다. 그중 한 가지. 나 자신에게 아주 중요한 의미를 가진 이 순간에 대해 내가 일기에 아무런 흔적을 남기지 않았다는 사실이 스스로 놀랍다.

스물여덟이었던 어느 날. 책상 앞에 앉아 오후 내내 아무것도 쓰지 못하고 있던 나는 철저한 절망에 빠져 장차 내가 어찌 될 것인지를 생각하고 있었다.

흐름을 멈추고 고여 있는 듯한 시간들의 끝자락에서, 쇠진한 듯 내면의 목소리는 침묵하고 아무런 생각도 나지 않았다. 거대한 평정마저 느껴졌다. 이런 극단의 상태에서만 나타나는 특별한 고요가 나를 휩싸고 있었다. 그러다가 갑자기 나는 내 내면을 절대적 명징성을 가지고 바라보게 되었다. 나는 나의 존재가 무엇인지를 보았다. 내가 가진 패들, 내가 거기 의지해도 될 만한 것이 무엇인지 보이고, 어느 날엔가 내가 글을 쓸 수 있으리라는 것, 어느 날엔가 내가 작가가 되리라는 것에 대한 확신이 들었다. 동시에 지금 현재로서 나를 구속하고 있는 것이 무엇인지도 보았다. 그리고 나는 이해했다. 내가 나 자신을 해방시키고, 나를 열어젖혀 글쓰기로 나아가게 하기 위해서는 오랜 시간이 흘러야 하리라는 것을.

그러니 의식하지 않으면 안 되었다. 일을 위해 줄곧 자신을 준비하며 여러 해가 그저 흘러가게 두어야 한다는 것을. 그러나 초조함에 어쩔 줄 모르고 글 쓰고 싶은 욕구에 가슴이 저릴 때, 언어를 통해서만 아물 수 있는 상처에서 피가 줄줄 흐를 때, 어떻게 그저 체념한 채 기다리고만 있을 수 있겠는가? 나는 고통으로 신음하였다. 삶의 마지막 삼분의 일에 이르러서야 나를 완성할 수 있으리라는 사실이 분명하게 보였다. 그러나 어떻게 나의 초조함을 극복한단 말인가? 이 견딜 수 없는 기다림을 어떻게 살아낸단 말인가? 어떻게 제자리 걸음만 하면서 이 시간의 마디를 견디고 있어야 한다는 말인가? 나는 기진하여 무너지고 있었다.

제2차 세계대전에 참전한 적 있는 자기 할아버지가 돌아가신 후, 한 뉴질랜드 사람이 고인의 유품에서 오마르 카이얌*의 시집 《루바이야트》를 발견했다. 참호에서 우연히 줍게 된 이 책 간지에는 책 주인의 이름과 소속연대가 적혀 있었다. 책 주인이 어떤 사람인지를 알고 싶어 오랫동안 찾다가 마침내 알게 될 기회가 왔다. 그는 캐나다 사람으로 손자들에 의하면 1942년에 사망했다고 한다. 흥미로운 것은 제2차 세계대전에 참전한 두 사람은 서로를 몰랐지만, 삶의 역정이 모든 점에서 비슷했고, 또 둘이 경험한 중요한 사건들이 동일하

* Omar Khayyam(1048~1131). 페르시아의 학자, 시인. 그가 남긴 시집 《루바이야트》는 4행시란 의미로, 한편으로 현세적 쾌락주의로, 또 한편으로는 신비주의적 열광으로 해석되는 내용을 담고 있다.

다는 특징이 있었다. 특히 전투 중에 두 사람 모두 최전선에 투입되었는데, 둘 다 가슴 한복판에 총알을 맞고 그대로 죽을지도 모르는 상황에서 캐나다인은 쌍안경 덕에 목숨을 구했고, 뉴질랜드인은 은제 담뱃갑 덕택에 살아났다.

그날, 오후의 끝자락에, 내가 누구인지를 볼 수 있었던 일을 다시 생각하다. 그 순간의 막중함. 절망은 내 바깥을 가지치고, 내 속을 도려내었다. 텅 빈 존재. 어떤 욕망도, 어떤 고뇌도, 어떤 생각도, 어떤 바람도, 어떤 의도도, 어떤 기다림도, 어떤 긴장도 없는 상태……. 평화로움. 동의하기. 나는 하나였다, 나는 나 자신과 일치하고 있었다. 이 순간은 잠깐일 뿐, 전혀 지속되지 않았을 수도 있다. 그러나 그 순간은 내 안에 영원히 새겨졌다.

이와 비슷한 순간을 이후로도 몇 차례 체험했다. 그것은 늘 오후의 끝 무렵, 한 차례 일을 마치고 난 다음이다. 어쩌면 피로가 스스로를 내버려두게 해주었는지도 모른다. 그 순간들은 앞에서 이야기한 순간과는 성격이나 밀도가 좀 다른 것이었다.

처음에는 마찬가지의 텅 빈 상태, 같은 평화, 같은 긍정이 있다. 자신에 대한, 그리고 삶이 발현된 모든 모습에 대한 긍정. 거대한 사랑 앞에 나를 내맡기게 하는, 넘치는 충만. 그러나 나를 사로잡는 행복감은 매번, 저 오래된 심연의 고통과 결합된다. 마치 가장 멀리 떨어져 있는 두 극단이 하나로 되어 있는 듯이. 당신을 시간 밖으로 내던지는 이 순간들은 본

질적으로 표현불가능한 것이어서, 그 순간이 당신에게 주어질 경우 무엇으로도 이 체험을 설명할 길이 없다.

10월 12일

코카서스 출신인 택시기사는 뉴질랜드에 온 지 7년이 되었다. 여기 살게 된 것이 행복하다고 한다. 자기 나라의 불안한 상황에서 빠져나올 수 있어서다.

그는 상트페테르부르그의 에르미타쥐 미술관에서 촬영된 소쿠로프*의 영화가 별로 마음에 들지 않는다고 한다. 〈러시아의 방주〉라고 하는 이 영화를 나도 봤었다. 아주 길고 거의 대사가 없는 영화여서 그의 첫 작품과는 많이 달랐다. 형식면에서는 대단히 아름다운 작품이지만 지루하다는 느낌이 들었다.

10월 14일

몸과 마음을 가르는 경계는 없다. 둘 사이에는 복합적이고 빈번한 교환이 이루어진다. 그런데 프랑스어에는 우리를 구성하는 이 육체-정신의 불가분한 통일성을 가리키는 단어가 없다. 아마도, 하나는 가시적이고 하나는 불가시적인 두

---

* Alexandre Sokourov(1951~). 러시아 영화감독. 타르코프스키의 제자로서 소련시절 대부분의 영화가 상영금지되었다가 〈어머니와 아들〉을 통해 1996년부터 국제적 명성을 얻게 된다.

가지 실재를 항상 분리된 것으로, 나아가 대립적인 것으로 여겼기 때문이리라.

마찬가지로 우리 내면의 활동을 인지하게 해주는 저 실체를 가리키는 말도 없다. 아니, 어쩌면 이렇게 말해야 하리라. 우리 내면의 활동이 그 덕분에 저 스스로를 인지하게 해주는 실체라고. 이 실체를 우리는 흔히 어떤 눈길이라고 생각한다. 움직이지 않고, 자기를 둘러싸고 있는 것을 굳이 보거나 밝히려 들지 않을 수도 있는 눈길. 혹은 깨어있고 관찰할 수는 있지만, 너무 장애가 많은 나머지 관찰 대상을 잘못 받아들이는 눈길. 혹은 반대로, 어둠과 밀폐가 지배하는 공간에 빛과 자유가 출현하게 하리라고 결심한, 밝고 명료한 눈길.

10월 22일

오늘 아침 낯모르는 사람이 찾아왔다. 스무 살가량의 프랑스 청년. 자기 할아버지 할머니와 친구로 지내는 부부가 우리 주소를 알려 주었다고 하는데, 뉴질랜드에 온 지 5주째였다. 이 나라 몇 군데를 둘러본 뒤에 남쪽섬의 산악지대를 혼자서 오랫동안 떠돌아다닌 모양이다. 사실 그것은 위험천만한 일이다.

함께 이야기하는 도중 갑자기 청년이 울기 시작했다. 이곳에 온 뒤로 줄곧 혼자였다고 한다. 젊은 여행객들을 위한 공용 숙소에서도 영국인, 독일인, 일본인 등 외국인들밖에 만나지 못했다는 것이다. 난생 처음 자기 땅과 가족을 떠나 혼자 있게 되는 것이 만만치 않은 일임을 알게 된 모양이다. 프랑스 말을 듣는 순간 꾹꾹 참고 있던 설움이 북받치고 눈물을 주체할 수 없었던 것이다.

점심을 함께 한 뒤 이야기를 들어보니, 부모님도 더없이 좋은 분들이고 사랑하는 사람도 있으며, 자기 전공인 생물학 공부도 마음에 든다고 한다. 한마디로 자기 운명에 대해 불만스러워할 이유가 하나도 없는 것이다. 그런데 그는 행복하지가 않다. 그리고 행복해하지 못하는 자신을 스스로 비난하고 있다.

그런 상태가 얼마든지 이해할 만하다는 사실을 설명해 주었다. 사람은 애정 문제나 사회적 혹은 물질적 차원에서는 행복에 겨울지라도, 삶의 기쁨을 전혀 알지 못할 수가 있기 때문이다. 삶의 기쁨이 그 안에 뿌리 내리는 충족감을 느끼기 위해서는 먼저 자기 내면에 평화가 자리해야 한다. 이 평화가 확립되지 않고서는 늘 불안정하고 흔들리게 되며 삶에 단단히 달라붙지 못한다. 덧붙여 자기 자신을 알아야 할 필요성, 자기 자신이 되는 일의 중요성을 이야기해 주었다. 또한 그 과정에서 만나게 될 어려움, 받아들이고 극복할 줄 알아야만 할 여러 어려움에 대해서도 이야기해 주었다.

예민하고 매력적인 청년이었다. 내가 한 이야기가 그의 마음을 조금이라도 달래주고 그에게 새로운 힘을 주었기를 바란다. 뿐만 아니라 내 말들이 그에게, 일찌기 에피쿠로스가 이야기한 저 '영혼의 병'에서 치유되기 위해 반드시 가야 할 길을 보여주었기를 바란다.

그가 여행일정을 단축하기로 결정하였다. 여행사에서 일하고 있는 매력적인 프랑스 여성 셀린에게 그를 소개해 주었다. 필요한 비행기표를 그녀가 마련해 줄 것이다.

10월 24일

'일자(一者, l'Un)'에는 흐릿한 것이 하나도 없다. 그것이 말이 끊기는 차원에 있다고 해서, 사이비 영성 철학이나 영성 문학 분위기의 애매한 언어로 그것을 운위해서는 안 되리라. 분석과 사변의 대상이기에 앞서 그것은 우선 체험되지 않으면 안 된다. 그러나 일자의 체험은 결코 원한다고 되는 것이 아니다. 내면의 실재를 구성하는 모든 것이 사라진 뒤에야 비로소 그 세계가 열린다. 내 생각에 이 일자의 상태는 모순되는 것이 해소되거나, 적대적인 것이 일치되어 가능해지는 것이 아니라, 존재가 텅 빈 상태에 있을 때만 나타날 수 있다.

하나가 된 존재는 무한과 무시간 속에 던져지며, 가득한 행복감을 맛보게 되는데, 이 느낌은 체험이 끝난 뒤에야, 지나간 것으로서 의식할 수 있다.

석도는 "마음이 창조에 이르기 위해서는 우선 생각이 일자를 붙들어야 한다"고 보았다. 존재가 자기 자신에 뿌리를 내리고 있을 때 생각은 터전을 갖게 되며, 일자의 경험은 바로 이 터전과의 관계 속에서 가능해진다. 그때 '마음'—이는 우리 내면의 자산과 기운이 응축되는 중심 영역이다—은 감정을 담고 있는 용암, 글로 써지기를 바라는 것들이 그 속에서 웅얼거리고 있는 그 용암이 솟구치게 해준다. 일자의 체험과 자아에 의해 수액을 공급받은 '감정-생각'은 보편성을 특징으로 하는 말들 위에 개별성의 도장을 찍는 것이다.

10월 25일

내 방 창과 길가 담장 사이에는 갖가지 식물이며 꽃들, 키 작은 관목들이 함께 자라고 있다. 그 사이로 지금 보니 웬 거미가 쳐놓았을 거미줄이 반짝이고 있다. 일 미터쯤 떨어져 있을 두 나뭇가지 사이에 걸쳐 있는 그 줄을 보면서 나는 거미가 어떻게 이 가지에서 저 가지로 옮겨 갔는지 궁금해진다. 처음에는 자기가 뱉어놓은 줄에 그냥 매달려 있다가 다음에는 바람이 불어와 자기를 저쪽 가지로 밀어 올려줄 때까지 기다렸을까? 그럴 리는 없을 것 같다. 그렇다면 거미는 어떤 방법으로 나로서는 상상하기 힘든 이 작업을 수행했단 말인가?

햇빛에 반짝이며 바람에 흔들리는 이 거미줄을 보니 화가인 데콩비엥 씨가 생각난다. 그는 아는 것이 참 많았는데, 어느 날 그의 화실 밖에서 거미 한 마리가 집을 짓고 있는 것을 함께 보다가 내게 가르쳐 주었다. 인간은 자신이 가진 온갖 기술을 다 동원해도, 거미집을 지탱하는 줄에 견줄 만한 강도와 유연성, 탄력성을 지닌 밧줄을 만들지 못한다는 것이다.

10월 26일

어젯밤, 미약한 규모의 지진.

프랑스에서는 아이들이 가지고 노는 공이 항상 둥글다. 여기서는 어김없이 달걀 모양.

요 며칠처럼 근처 공터에서 아이들이 공을 패스하거나 놓고 차기를 시도하며 노는 모습을 보면 나도 모르게 발이 멈춘다. 그리고 한동안 그 모습을 지켜보는 것이다. 함께 섞여 놀고 싶은 생각이 굴뚝같지만 참아야 한다.

비좁긴 하지만, 이 집은 넓은 창 덕에 채광이 잘되는 방들이 있어 아주 안온하다.

저번에는 이 집을 구상했던 부부의 후손 한 사람이 집 지을 당시 11명의 아이가 있었다고 알려주었다. 그중 한 아이가 죽어서 결국 열두 사람이 이 작은 집에서 살았다는 것이다. 어떻게 지냈을까? 어떻게 숨 막히지 않고 살아냈을까? 비좁게 부대끼며 그렇게 살다 보면 이따금 서로를 견디기 어려운 경우도 있었으리라. 오랜 세월에 걸쳐 이 집 안에서 일어난 일들이 무엇인지 몹시 궁금해졌다.

오후 끝 무렵이면 웬 젊은이 하나가 길을 올라오다가 탁자 앞에 있는 나를 보고 손을 크게 흔들며 인사한다. 지금은 그가 지나가기를 내가 매일 기다리고 있음을 문득 깨닫는다.

나는 이따금 생각이 만들어지고 말이 봉오리를 여는 자리에 매복한다. 그리고 이제 막 태어나려 울고 있는 저 무형의 것이 점점 또렷해지고 틀이 잡히며, 이윽고 자신을 존재하게 할 언어를 불러오는 미묘한 과정을 따라가려 노력한다. (그 과정을 이렇게 표현하는 것은 아마 이론의 여지가 있으리라. 바라보는 시선과 그 시선이 포착하는 대상이 두 가지 실체로 따로 있는 것은 아니다. 생각이 관찰하고 있는 그 움직임은 생각 안에서 펼쳐지고 있다.)

오후 내내 사라와 함께 빈센트 오설리번*의 시를 번역했다. 모국어가 아닌데도 그녀는 프랑스어의 뉘앙스를 모두 알고 있다.

사라의 할아버지는 터키인이고 어머니는 스코틀랜드인이며 아버지는 이집트인이다. 이집트, 수단, 스코틀랜드, 미국 등지에서 살기도 했다. 그러다가 한 12년 전쯤 웰링턴에 거주하기 시작한 것이다. 오십이 다 되어가는 나이지만 그보다 스무 살은 젊게 보인다. 시내에서 몇 차례 만난 적이 있는데 우리 집을 찾아오게 되었다. 가족도 뿌리도 없이 홀로 살아가는 그녀의 유랑은 아직도 끝나지 않았다. 그녀가 내 마음을 흔든 것을, 그녀의 것인 운명을 생각하며 내가 연민에 가득 찬 것을 인정해야겠다. 그녀는 미처 모르겠지만 나는 그녀를 향해 따뜻한 우정을 느낀다.

10월 27일

뉴질랜드에서는 매년 작가 한 사람을 선정하여 지원금을 주는데, 멘튼에 거주하는 동안 캐서린 맨스필드가 살았던 집에서 글을 쓸 수 있게 해주는 것이다. 어제는 그중 다섯 사람—세 사람의 여성과 두 사람의 남성—이 함께 모였는데 나

* Vincent O'Sullivan(1937~). 뉴질랜드 시인, 극작가, 소설가, 비평가.

도 초대를 받아 그들을 만나러 시립미술관에 갔다. '자기 집에서 글쓰기와 밖에 나와 글쓰기'라는 주제를 생각거리로 미리 알려 왔다. 흥미로운 주제다. 어느 나라에서 그리고 어느 장소에서 글을 쓰냐 하는 것은 작가에게 꽤 중요한 문제다.

글을 처음 쓰기 시작할 무렵, 나는 운좋게도 시간을 온전히 쓸 수 있는 처지였다. 집필을 하는 순간이면 집에 머물러 몇 권 안 되던 책을 부근에 두고 방에 혼자 있었다. 그 순간에 느껴지던 두려움을 이겨내기 위해서는 외부세계와의 단절이 필요했다. 글쓰기는 비밀스러운 일에 속했다. 내 내면을 파헤치며 뒤지고 있는 모습을 다른 사람이 봐서는 안 되었던 것이다.

시간이 지나고 나는 많이 바뀌었다. 글쓰기와 나의 관계도 훨씬 부드러워지고 덜 불안해져서, 지금은 집 밖에서, 카페나 기차, 혹은 어느 들판, 어느 나무 둥치에 앉아서도 글을 쓸 수 있게 되었다. 그러나 이 이야기는 가정해서 하는 말이다. 실제로 나는 다른 어떤 곳보다 내 서재에서 글 쓰는 것을 좋아하기 때문이다. 긴 호흡이 필요한 작업이라 쉬지 않고 몇 시간을 몇 날 며칠 책상 앞에 있어야 할 경우, 글을 쓰기 위한 최상의 조건은 당연히 자기 집, 안락하고 소음이 차단된 아파트다.

나는 지금 웰링턴에 있다. 집에서 2만 킬로미터 떨어진 곳, 나의 언어가 아닌 다른 언어를 말하는 곳, 매 순간 내가 외국인이라는 사실을 생각하게 되는 곳에 있지만, 이곳에서 일하는 것이 내게는 조금도 불편하지 않다. 그것은 아마 내가 고립되어 있다고 느끼지 않기 때문에, 지금 머무는 거처가 좋기 때문에, 그리고 이곳에서 지내는 것이 아주 행복하기 때문에 그럴 것이다.

몇 해 전, 우루과이 작가 에두아르도 갈레아노가 쓴《라틴 아메리카의 절개된 핏줄》을 아주 흥미롭게 읽은 적이 있다. 그것 말고도 그가 남미대륙 여러 나라에 대해 쓴 책 세 권도 함께 읽었었다.《르몽드》지의 '기록과 자료'란에서 그의 이름을 보았을 때 나는 호기심이 동하여 즉시 그의 글을 읽게 되었다. 명문 구단에 속한 축구선수들이 얼마나 혹사당하고 있는지를 고발한 글이었다. 간혹 3일에 한 번씩 경기를 치르기도 해서 몸을 회복할 시간이 없고, 피로를 이기려면 마약을 하지 않을 도리가 없다는 것이다. 부상에서 회복된다고 해도 자기 자리를 빨리 되찾으려 할 경우에는, 또 다시 이런저런 약물에 의지해야 한다고 한다.

그가 이 글을 쓰게 된 동기는 지난 6월 리옹에서 경기 중 숨진 카메룬의 축구선수 마르크 비비앙 포에 때문이었다.

그가 죽은 지 얼마 지나지 않아 내가 프랑스에서 읽었던 장문의 기사는, 그 선수가 과로로 지쳐 숨진 것이 아니라 한 번도 증상을 보인 적 없던 심장 기형 때문이었다고 쓰고 있었는데, 그 말이 사실일지도 모르겠다.

어린 시절 그를 키운 아버지는 매우 엄격했다고 한다. 그의 생활 태도 역시 엄격해서 결코 마약을 할 사람은 아니었다. 총명하고 든든한 안정감을 가지고 있으며 놀랄 만큼 성숙한 인격을 지닌 그는, 이따금 누군가의 도움이 필요한 아프리카 선수들이 늘 조언을 구하던 사람이었다. "큰 인물이 되기 전에, 먼저 작은 사람이 될 줄 알아야 한다"고 했던 그의 이야기는 곰곰 생각해볼 가치가 있다.

10월 29일

바칼로레아를 두 번째 준비하던 무렵, 수업 시간에 수학 선생님과 열띤 의견을 주고받았다. 나는 그분에게, 누군가 학문을 열심히 하는 사람은 그 뒤 필연적으로, 모든 윤리적 요청에 응답하는 삶을 살게 될 것이라고 이야기했다. 당연하게도, 선생님은 그렇지 않다고 적극 반박했다. 그 당시는 무엇 때문에 내가 그런 생각을 하게 됐는지를 설명할 수 없었을 것이다. 그러나 무의식적으로 내가 생각하고 있던 것이 그렇게 표현되었던 것임을 지금은 이해할 수 있다.

나는 학문을 한다는 것이—내가 생각하는 학문이란 기껏 문학, 철학, 심리학, 의학에 불과하다는 사실을 깨닫지 못하고 있었다—인간 존재에 대해, 인간 조건에 대해 진정한 지식을 얻는 길이라는 것, 그리고 그 못지않게 중요한 사실이지만, 그것은 모든 차원에서 자신의 인격을 성장시키는 것이라고 믿고 있었다. 그것은 또한 인류가 직면한 문제를 의식하고 그것을 해결하기 위해 헌신하기를 바라는 것이기도 했다. 그러나 이런 식의 생각은 거대한 무지에서 비롯되는 것이었다. 어느 날엔가 나는, 일정한 지식을 가진다는 것과 윤리적 차원의 당위를 실천한다는 것은 별개의 것임을 인정할 수밖에 없었다.

20세기를 특징지었던 여러 독재체제 아래서, 의과대학 교수들이나 온갖 분야의 전문학자들, 저명한 지식인들, 사상가들, 성직자들이 자신의 영혼을 악마에게 팔아넘긴 경우는 헤아릴 수 없이 많다.

무엇 때문에 어떤 사람들은 기꺼이 엄격한 윤리적 요구에 따르며 사는 것일까? 그리고 무엇 때문에, 아마도 그보다 더 많은 수의 사람들은, 자기들 내면에서 단 한 번도 그 같은 요구의 부름을 듣지 못하는 것일까? 혹은 듣더라도 그 소리를 질식시켜 버리는 것일까? 인간이라는 존재의 저 측량할 길 없는 심연.

·

《르몽드》지에 실린 기사 중에는, 제2차 세계대전 중 정신병원에서 굶주려 죽은 5~6만 명의 환자들 이야기가 있다. 어머니의 삶과 관계되는 것이기에, 아무렇지 않게 읽을 수는 없었다.

최근 발표된 연구 결과에 따르면, 비시 정권이 이 대규모 학살을 조직한 것은 아니라는 것이다. 그럼에도 불구하고 학살이 일어났으며 수많은 남자, 여자가 끔찍한 상황에서 죽어간 것은 사실이다. 그렇다면 무엇이 이 비극의 원인이란 말인가? 당시 프랑스에 닥친 식량 기근 하나로 그것을 다 설명할 수는 없다. 막대한 양의 식량을 직원들이 빼돌렸다는 사실을 지금은 누구나 알고 있다. 1941년 인종주의자 알렉시스 카렐은 자기 견해가 반영된 법안을 통과시키기도 했는데, 정신의학계가 더러 이 자의 우생학 이론에 영향을 받았다는 사실도 알려져 있다. 리옹의 대규모 정신병원 비나티에의 병동 책임자가 "백치, 정신이상자 등 한마디로 사회 쓰레기들의 수가 증가하는 것은 종족의 타락을 재촉하는 것이며 사회에 무거운 짐이 된다"고 단언했었다. 그러니 이들을 굶겨 죽이는 것은 적절한 제거 방법이었던 셈이다. 나머지 사람들에게는 아무런 비용이 들지 않으니 말이다.

하지만 프랑스 정신의학계는 무엇 때문에 그렇게 오랫동안, 이 비극 위에 침묵의 덮개를 씌워 놓았더란 말인가? 자기 회원 상당수가 그에 대해 책임이 있다는 것을 인정한다는 의미가 아니었을까?

11월 1일

며칠 전부터 내 머릿속을 맴돌던 시 한 편. 묘지와 비명들을 보며 떠오른 이 시를 써놓으려고 날짜를 적다 보니, 프랑스에서는 오늘이 만성절(萬聖節), 내일은 돌아간 사람들을 추념하는 날인데, 나는 전혀 의식하지 못하고 있었다. '만성절의 날씨', 음울한 분위기에 하늘엔 구름이 덮이고 비가 오기도 하는 그런 날씨가 아니었기 때문이리라. 아주 맑은 날. 대기는 따뜻하고 하늘엔 흰 구름이 두둥실, 길게 펼쳐진 쪽빛 바다, 그리고 구름 사이로 뚫고 나오는 부드러운 햇빛. 그러나 오후 끝자락에는 바람이 점점 더 거세지더니 싸늘한 추위까지 느껴졌다.

이 시는 쉽게 쓰였다. 그것을 써보리라는 생각을 하기도 전에 내 안에서 윤곽이 벌써 그려진 작품인 것이 사실이다. 다 써진 시를 눈앞에 놓고 보니 몇 군데 단어밖에 별로 고칠 것이 없었다. 글을 쓰고 난 뒤에는 늘 놀란다. 글을 쓰기 전에

IN MEMORY OF
LIONEL LYON HARRIS.
SORROWING WIDOW AND FRIENDS

는 탄생을 앞둔 생각들이며 웅얼거리는 단어들이 내 머릿속을 꽉 채운 채 웅웅거려, 아무리 해도 그것을 하나로 엮어내지 못할 것 같은 느낌이 든다. 그런데 일단 쓰기 시작하면 놀랍게도 글은 스스로 다듬어지며 엄밀한 논리에 따라 전개되어 간다.

매일 아침 나 언덕을 내려가네
거대한 묘지 있어 가로지르니
오랫동안 아무도 돌보는 이 없는 묘역

어떤 곳은 더러 손길 닿은 자취 남아있지만
다른 곳은 내버려져
다듬어 놓은 잔디 뚫고 들어갈 수 없는 잡목 숲

삼백 년 족히 되는 너덧 그루 나무들
아름드리 둥치에 무성한 잎새들
바라보기 좋아라

무거운 십자가 뒤 몇몇 무덤은
묵직한 돌덩어리로 세월을 견디지만
어떤 무덤들은 겨우 흔적뿐

기울어지고 넘어진 비석들 사이로
무너져내려 무성한 잡초에 묻힌 무덤 사이로
나 발걸음 옮기네

금 간 포석들 사이
부서진 뾰족탑, 둥근 기둥은
여기저기 풀밭에 흩어져 있고

언덕 밑에 둘러친 벽돌
잔디 위에 공동묘지 사방을
가리키고

가난 때문에 제 땅에서 쫓겨나
한 세기(世紀)도 전에 세상 곳곳에서
이곳에 온 당신들

꿈꾸었던 삶 대신에
또 다른 비참을 만나
다시 뿌리내리기는 지난(至難)하고 때로 불가능한 일

땅은 황무지 비 새는 지붕의
오두막
지친 몸으로 땅바닥에서 잠을 자네

먹고 살아남는 것이 전부인
사슬 묶인 죄수의 삶
비참의 끝은 언제랴

다시금 일어서는 것은
무력(無力)함도 좌절도
체념으로 꺼진 눈빛도 이제 치워버리기 위해

허나 어쩌랴 이제 뿌리 없는 자의 신세
다정한 목소리들 멀리 두고 떠나온
유배된 자의 가슴 옥죄어 오니

아련한 유년의 고향이여
거기 남아 계신 어머니여
다시 못 볼 그 땅에서

머잖아 눈감을 내 어머니여
얼굴마저 가물거려도
늘 눈앞에 계신 그 모습이여

이 나라를 세운 것은 당신들인데
당신들에게서 남은 것은
녹슬어가는 이 철책뿐 시간이 쏠아대는
돌들뿐 아직 채 지워지지 않았다면

지나는 길에 내가 읽는 비명(碑銘)뿐
윌리엄 헨리
1884년 8월 15일 몰, 21세

사라 케이트 레비
… 생
28세에 죽다

제인 휴즈
영국 버렌헤드 오스톤 힐 출신
47세에 죽다

너대니얼 제이 삭스
그토록 사랑받고 그토록 안타까웠던 이
41세

어떤 묘비에는
프랜시스와 한나 벅 부부의 아이들 이름
어린 나이에 모두 죽은 다섯 아이

당신들의 시대에는 일찍들 죽었으니
병으로 금방 쓰러지고
노동으로 기진하였던 것

나는 걷노라 당신들 무덤 사이로
버려진 채 이젠 아무도
찾아와 마음 모으지 않는 곳

당신들 무덤 사이로 걷는

내 마음에 '전도서'의 우울한 말
울리고 있으니

인간이 자기 한 일에서
얻을 것이 무엇이랴 인간이 다한 수고에서
얻을 것이 무엇이랴

모든 날이 고통과
슬픔뿐이니
모든 것이 헛되고
모든 것이 헛되며 바람을 쫓는 것일 뿐

11월 2일

어제는 플랑드르 출신 젊은 여성을 만났는데 프랑스어를 아주 잘했다. 기자였던 그녀는 동남아제도 여러 곳에서 살았는데 그중에도 분쟁이 한창이던 동티모르에 체류한 적도 있다. 당시는 유럽인이 살해당할 위기가 엄존했는데도 말이다. 단지 '창조적 글쓰기' 강의를 듣기 위해 그녀가 이곳에 왔다는 사실을 알고 나는 놀랐다. 정신분열증에 걸린 남동생이 있는데 그가 쓰고 있는 일기와 둘이 주고받은 편지를 바탕으로 책을 쓸 계획이라고 한다. 이 강의가 그녀에게 어떤 도움이 될지 궁금하다. 대단한 것을 배울 것 같지는 않다. 그래도 그녀가 수강의 장점이라고 평가하는 점은, 사실 지금 듣고 있는 강의와 아무런 관련이 없는 일이지만, 구상 중인 책에 자기 시간 전체를 쓰고 있다는 점이란다. 계속 이야기를 나누다 보니 우리가 같은 친구를 가지고 있다는 사실을 알게 되었다.

헤어지고 나서야 좀 더 이야기를 나눴어야 했는데 싶었다. 그녀가 그것을 원했다는 사실을 깨달았다. 글쓰기에 몰입해 있는 그녀는 글쓰는 과정에 나타나는 문제에 대해서도 깊은 관심을 가지고 있어서, 그 점에 대해 내가 몇 가지 이야기를 해줄 수도 있었는데 말이다. 연락처를 주고받으려는 생각을 못하고 헤어졌는데, 지금에야 그것이 후회된다.

이런 일이 몇 차례 있었다. 누군가를 만나 서로 이야기를 주고받는다. 그동안 우리 둘 사이에는 상호 이해와 우정의 기운이 흐른다. 그런데 헤어지고 나서야 그 만남을 더 지속했어야 하는데 하는 생각이 드는 것이다.

얀켈레비치*는 이렇게 적었다. "눈 깜짝할 순간, 침묵, 얼핏 스치는 기미, 삶에서 가장 중요한 것들은 바로 이런 형식으로 자신을 알리기로 결정한다."

오늘은 하늘이 어둡다. 바람이 웅웅거린다. 폴롱소네가 우리를 데리고 쿡 해협 쪽으로 소풍을 나갈 참이었으나, 단념하지 않으면 안 되었다. 그쪽은 바람이 시속 100킬로미터 이상으로 불어서 그냥 서있을 수도 없는 형편이다.

---

* Vladimir Jankélévitch(1903~1985). 러시아계 프랑스 철학자, 음악학자. 레지스탕스 운동에 가담했으며 동시대인들에게 깊은 영향을 미친 그는 "나치가 인간이 된 것은 오로지 우연에 의해서다."라고 썼다.

11월 3일

오늘은 크리스 레드로가 집으로 찾아왔다. 두 시간 동안 그에게 여러 가지 질문을 했다. 여느 뉴질랜드인들처럼 그 역시 올곧고 상냥하며 전혀 꾸밈이 없다. 그리고 삶을 사랑한다. 이 나라에서 가장 유명한 사람 중 하나다.

그가 태어난 곳은 남쪽섬의 도시인 더니든. 그의 조상은 모든 것을 새롭게 건설해야 했던 저 초기 정착민 중 일부로 1848년에 이곳에 왔다. 증조모는 셔틀랜드 섬 출신이고 증조부는 스코틀랜드 남부에서 왔다고 한다. 이분은 항해 도중 시드니에 들렀을 때 미국 여인을 만나 결혼하였다.

크리스는 열두 살 때 하프백으로 럭비를 시작했는데 그 뒤로 은퇴할 때까지 줄곧 그 위치에서 뛰었다. 오타고 대학에서 역사학과 인류학을 공부하던 열아홉 살에 대학 국가대표팀 선수가 되었다고 한다. 어떤 경기에서 뛰던 중 당시 신화적 팀이던 올블랙스에 그 자리에서 선발되었다. 무패의 전적으로 명성이 자자하던 팀이다. 언젠가 직접 만나게 되리라고는 꿈도 꾸지 못한 채 멀리서 우러러보고만 있던 대선수들인 클라크 형제와 어깨를 나란히 하며 뛰게 된 것이다.

더니든에 있을 때 어느 대형 호텔에서, 그가 주장으로 있던 팀의 승리를 축하하는 연회가 벌어졌다. 그는 아직 스무 살이 채 안 되었다. 그런데 법에 의하면 스물한 살 미만의 젊은이는 술이 나오는 자리에 끼면 안 되었다. 까다롭기 짝이 없는 데다 럭비 선수들을 싫어했던 경찰관 하나가 그를 연회에서 쫓아내고 법정에 소환까지 하였다. 다행히 판사는 유죄를 선고하는 우스꽝스런 일을 벌이지 않았다.

1963년 9월부터 다음해 2월 말까지 전 유럽 순회경기를 위해 올블랙스 선수들과 함께 떠나던 그의 나이는 스무 살이 채 안 되었던 것이다. 36전 35승! 뉴포트 팀과 벌인 세 번째 경기에서 올블랙스가 패했는데, 그 이후 경기부터 그가 투입되었다. 잊을 수 없는 추억. 그러나 무엇보다도 두려움과 불안, 공황상태의 경험이 그 추억과 연결되어 있었다.

"웨일스 지방의 한 계곡에서 벌어진 경기였다. 모든 것이 검은색이었고, 비가 내리고 있었다. 탈의실은 낡았고 관객석 밑이었는데 함석천장을 대놓은 곳이었다. 3만 명가량의 관객이 목청이 터져라 웨일스 노래를 부르고 있었다. 탈의실 안으로 비가 새는 데다, 소음이 얼마나 큰지 서로 이야기하는 소리가 잘 들리지 않을 정도였다. 내가 어디 있는지를 알 수 없었다. (...) 정말로 잊을 수 없는 순간이었다. 더욱이 당시 웨일스 선수들은 광부 출신들이었다. 거친 선수들이었고 나는 어려운 경기가 될 것임을 알고 있었다. 그 전날은 우리가 졌기 때문에 웨일스 사람들 전체가 우리의 두 번째 패배를 고대하고 있었다. 결국에는 11 대 9라는 아슬아슬한 점수로 우리가 어렵사리 승리를 거두었다."

그러나 순회경기의 일원으로 있으면서 공부를 계속해 가기는 쉬운 일이 아니었다. 크리스는 스스로 엄격한 규칙을 정했다. 자유시간 때는 동료들과 외출하는 대신 호텔 방에 틀어박혀 시험 준비를 했던 것이다.

그가 뛴 두 번째 경기는 콜롱브 시에서 열린 프랑스 대표팀과의 시합이었다. 바로 그가 드롭킥으로 프랑스 팀을 꼼짝 못하게 하고 팀에 승리를 가져왔다. 경기 뒤에 벌어진 자축연은 밤새 계속되어 일요일인 다음날까지 갔다고 한다.

이렇게 프랑스와 처음 만나면서부터 크리스는 프랑스가 좋아졌고 가능하면 언제나 프랑스로 되돌아오고 싶다는 생각을 하게 되었다.

1967년, 두 번째로 가진 유럽 순회경기 때 보르도의 한 술집에 있는데, 누군가가 전화로 그를 찾았다. 그에게 특별한 영예가 주어졌다는 소식이었다. 빼어난 덕성과 지적 능력이 인정된 학생에게 주는 로데스 장학금을 받게 된 것이다. 영연방 소속 전체 국가와 미국까지 포함된 학생들을 대상으로 한 장학금이니, 그 영예가 얼마만 한 것인지 짐작할 수 있는 일이다. 실제로 선발된 사람에게는 그 뒤 모든 문이 다 개방된다. 옥스퍼드에 유학할 수 있으며, 그곳에는 해마다 선발되어 오는 이 빼어난 학생들을 위한 집이 마련되어 있다. 크리스는 이곳에서 미국 학생 한 명과 같이 지내게 되었는데, 그가 20여 년 뒤 미국 대통령이 된다. 바로 빌 클린턴이었던 것이다.

그가 옥스퍼드에서 마친 박사학위의 논문제목은《피지 군도의 인종 운동》이었다.

올블랙스 선수로 뛴 것은 1970년까지 7년. 1968년에는 주장이었고, 여러 차례 순회경기 중에도 주장 역을 맡은 적이 있었다. 그가 가진 두 가지 언짢은 추억. 1967년에는 척추에 큰 부상을 당해 두 달 동안 깁스를 하고 다녀야 했다. 또 한 가지는, 거의 재앙에 가까웠던 남아프리카 공화국 방문 경기였다. 뉴질랜드가 이 나라의 인종차별정책에 대해 반대입장이었기 때문에 올블랙스 팀에 대한 대접이 차가웠고, 심판들은 시합에 지게 하려고 시종 철저하게 편파판정을 하였던 것이다.

1971~72년 시즌 초반, 당시 정예팀에 속하던 '리옹 대학 올림픽 LOU' 팀 지도자들이 그와 접촉하였다. 아내와 함께 주말을 리옹에서 보낸 두 사람은 이 도시의 매력에 빠져, 계약을 체결하였다. 주장 겸 훈련감독으로 리옹에 남기로 한 그는 외국에 나가 뛰는 최초의 뉴질랜드 선수가 되었다. 계약을 체결하기 위해 얼마를 요구하냐고 팀 지도자들이 물었을 때 그는 한 푼도 받지 않겠다고 하여 그들을 놀라게 했다. 아마추어 규정이 엄격하던 때라 크리스는 언젠가 행여 선수자격증을 박탈당하는 위험을 감수하고 싶지는 않았던 것이다. 그래서 그는 대학에서 공부를 계속하며 선수생활을 했다. 리옹에서 지낸 몇 달은 결코 지워지지 않는 추억을 그에게 남겼다. 여행할 기회를 이용하여 브리브, 카스트르, 닥스 등등, 뉴질랜드와는 당연히 너무 다른 도시들을 구경하였고, 자유로운 시간을 이용해 샤모니에 가서 스키를 탔으며, 이탈리아와 스페인, 포르투갈 등을 다녀오기도 했다. 리옹팀 지도자들은 그의 프랑스 체류가 즐거운 기억이 되게 만들 줄 아는 사람들이었다. 주말이면 거르지 않고 샴페인 한 상자가 그에게 늘 배달되었다는 것이다!

그해 리옹 팀은 프랑스 챔피언 4강에 올랐다. 그러나 주장 겸 훈련감독이었던 그는 4강전에 참여할 수가 없었다. 뉴질랜드 정부에 외교관 생활을 위한 신청을 해두었는데, 이 신청이 받아들여져 첫 임지인 웰링턴으로 떠나야 했기 때문이다. 떠나던 날 리옹 팀에서는 그에게 값진 시계를 하나 선물했는데, 그 뒤 이 시계는 한 번도 그의 손목을 떠난 적이 없다고 한다.

피지 섬 순회경기를 끝으로 그는 1972년 선수생활을 마감했다. 자기가 원했던 직업에 몰두해야 했기 때문에 삶의 장을 넘기며 후회는 없었다. 그 뒤로는 파리에서의 초청경기에 딱 한 번 뛰었을 뿐이다. 로제 쿠데르*를 기념하여 열린 이 경기에서 크리스는 1968년 자기 적수였던, 도가, 가샤생, 뤅스, 마소, 트리요, 빌프뢰 등등의 곁에서 함께 싸울 수 있게 되어 기뻤다.

7년 동안 피지, 뉴욕, 파리 등지에서 대사관 직원으로 일하며, 파리에는 4년을 머물렀다. 석유위기가 터졌을 때는 석유수출국기구 담당 책임자로 일했고 그 뒤 1984년까지 런던에서 영연방 사무총장직을 수행하였다. 웰링턴으로 돌아와 2년간 총리를 위해 대외정책 분야에서 일했으며, 다시 짐바브웨 대사로 임명된 그는 다른 아프리카 국가들의 신임을 얻고, 남아공화국의 인종차별주의 정권을 전복하기 위해 넬슨 만델라가 이끌던 '아프리카 민족회의'와 관계를 맺었다. 1989년에는 다시 웰링턴으로 돌아와 인종갈등 과정에서의 인권옹호를 위해 구성된 위원회의 조정자 직책을 맡았다.

우리 프랑스인으로서는 경악스러운 일이었던 '무지개 전사'호 사건 때는 총리 측근에서 일하고 있던 그가 배상금을 얻어내기 위한 협상에 참여했다. 그 돈은 태평양 제도 연구기금에 보태졌다. 프랑스가 이 지역에서 핵실험을 거듭했을

---

* Roger Couderc(1918~1984). 프랑스 대중의 사랑을 받은 라디오, 텔레비전의 체육부 기자로서 특히 럭비 전문가였다.

때 그는 이에 맞서 강하게 항의하였지만, 나중에 양국의 화해를 위해 노력하기도 했다.

그는 노동당 의원으로서 1년간 국회에서 의원직을 수행했다. 그러나 다음 선거에서는 상당히 진보적인 그의 이념 탓에 의석을 잃어야 했다. 그 뒤 뉴질랜드 특별위원회의 책임자로 일하게 되었는데, 자연보호를 위한 국제기금과 관련된 것이었다. 1998년에는 웰링턴 지방 정부의 4년직 각료로 선출되었다.

이렇게 다양한 책임을 감당하면서도 그는 럭비와 정치에 대한 수많은 칼럼을 써서 영국, 호주, 남아공의 신문들에 동시에 게재하였다. 현재는 일반적인 내용을 소재로 한 라디오 프로그램의 제작과 진행을 맡고 있다. 국영방송에서 일요일 아침 네 시간 동안 진행되는 이 방송은 청취자가 많다고 한다.

럭비가 여전히 그의 삶의 일부인 것은 당연하다. 전국적 회합이 있을 때면 그는 고문으로 참여하며, 4년 동안 '허리케인' 팀 감독을 맡기도 했다. 이 팀은 웰링턴과 그 인근 지역 선수들 가운데서 선발한다. 높은 수준의 대회이자 여러 채널의 텔레비전으로 중계되기도 하는 '수퍼 12'를 대비한 팀인데, 뉴질랜드에서 5팀, 호주 3팀, 남아공 4팀이 서로 겨루게 된다.

그는 두 권의 책을 출간했다. 럭비를 주제로 한 《축배를 들자(*Mud in your eye*)》와, 키위들의 정체성과 여러 민족 간의 문화적 차이가 가져오는 문제를 다룬 《지나갈 권리(*droit de passage*)》가 그것이다.

1년 뒤면 프랑스-뉴질랜드 간에 벌어진 첫 경기의 100주년을 축하하게 된다. 프랑스 럭비협회 라파세 회장은 벌써 레드로를 초청해 두었다. 화가이자 파리고등미술학교와 루브르 미술학교를 졸업한 부인 헬렌과 함께 그는 이 초대에 응할 생각이다. 다시 프랑스를 찾는 기쁨, 외무성이 위치한 케도르세의 옛 벗들이며 럭비 친구들을 다시 보는 기쁨이 클 것이다.

"럭비가 당신에게 가르쳐준 것은 무엇인가?"

"함께 살아가는 감각이다. 팀에 기여하기 위해서는 자신을 지울 줄 알아야 한다. 그리고 자기가 가진 최선의 역량을 발휘할 줄 알아야 한다. 럭비는 분명히 최고의 학교다. 그것은 삶의 여정에 오르기 위한 최선의 채비이다."

11월 4일

두세 번 만난 적 있는 뉴질랜드 시인 그렉 오브라이언이 편지를 보내왔다. 내가 영어를 못한다는 사실을 아는 그가 친절하게도 프랑스어로 쓴 편지. 하지만 그의 프랑스어는 극히 '어렴풋한' 것이었다. 편지 말미에 자신의 서투른 프랑스어를 이해해 달라면서 그는 이렇게 덧붙였다. "끔찍한 내 프랑스 여인 때문에 미안합니다!"*

---

* Je suis désolé pour ma française terrible! 프랑스어에서 '언어'는 여성형이다(la langue). 그러나 프랑스어 자체는 'le français'로 써야 한다. 그래서 '형편없는 나의 프랑스어'라고 쓴다는 것이 '끔찍한 나의 프랑스 여인'이 되어 버린 것.

11월 5일

자기 내면에서 체험되는 것을 가능한 한 정확하게 표현하는 말, 그런 말을 쓰는 사람들과 이야기하는 것이 나는 좋다. 반면에 자기 내면의 실상과 동떨어진 사고를 하는 사람도 있다. 그런 사람의 말은 물 흐르듯 거침없고 풍성한 듯하지만, 내용 없는 거품일 뿐이다.

사람들은 이따금 글 쓰는 즐거움이 어떠냐고 묻곤 했다. 그런 즐거움을 모른다고 대답하면 내 말을 믿을 수 없다는 표정들이었다. 하지만 나는 틀림없는 진실을 이야기하고 있었다. 그런 즐거움을 내가 알 수 없었던 것은, 글 쓰는 일이 나로 하여금 내면의 갈등과 긴장, 상처와 마주 서게 했기 때문이다. 정신적 고통의 벽이 막아서고 있는 저 아득한 어스름의 영역으로 뚫고 들어가야 할 때마다, 나는 그야말로 전투를 치러야 했다. 어떤 형태의 즐거움도 배제될 수밖에 없었다. 그러나 이곳에 온 뒤로 나는 달라진 것을 느낀다. 종이를 앞에 두고 자리 잡으면, 더 이상 강제된 기분이 들지 않고, 단어는 더 쉽게 내게 다가오며, 세상으로 나오고 싶어하는 것을 표현하려는 중에 왠지 실패할 것 같은 두려움도 더 이상 느껴지지 않는 것이다. 그러니 이 일기의 초고를 다듬는 동안, 그리고 외젠 르루아에 대한 글을 쓰는 동안, 즐거움을 느낀 사실을 이제는 인정할 수 있다. 그리고 이 즐거움은 상당히 오래전에 시작되었으나 내가 미처 분명하게 알지 못했던 어떤 변화의 귀결점인 것도 분명해 보인다.

한참 작업에 열중해 있을 때면, 이 즐거움을 의식하지 못한다. 일이 다 끝나고 난 뒤에야 작업하는 동안 내내 즐거움이 동반되었다는 사실을 깨닫게 되는 것이다.

하지만 이따금, 아니 갈수록 더 자주, 단순한 즐거움 이상의 것을 느끼게 된다. 상당 부분 자신을 명료히 이해하게 되고, 내적 통합을 이루게 되면, 자기 안으로 내려가는 일이 더 이상 고통스럽지 않게 된다. 심지어는 기꺼운 마음으로 그렇게 하고 있는 것이 분명하다. 글을 쓴다는 것은 연한 살을 자극하는 것이고, 최선의 순간에는, 넘쳐흐르고 끓어오르며 솟구치는 삶 그 자체가 될 뿐이기 때문이다. 그렇게 되면 이제 즐거움이 아니라, 자기에 대한 강렬한 향유가 된다.

최근 몇 년, 사람들은 내게 언어가 솟아나오는 샘이 어느 날 말라버리지 않을지 걱정하지는 않냐고 묻는 경우도 있었다. 나는 그런 걱정을 할 필요가 없다고ㄴ 생각한다. 자기를 놓지 않고 삶에 밀착된 상태를 잃지 않는다면, 반드시 무엇인가 할 이야기가 있기 때문이다. 글을 써야 할 필요성은 이 향유를 느끼려는 욕망과 뒤섞이게 된다. 그리고 이 향유는 마음에 깃든 욕구를 더 강하게 한다. 이 향유를 찾고자 하는 욕구. 갈수록 더 그것을 날카롭게 하고자 하는 욕구.

11월 9일

안내책자에 보니 '신비로운 그림'이라고 쓰여 있다. 미심쩍은 마음을 떨치지 못한 채 그 전시회를 보러 갔다. 첫눈에 무엇인지 알 수 있었다.

작가가 자리에 나와 있었는데, 서른다섯 살쯤 된 이란 여성이었다. 이곳에는 전시기간인 2주 정도밖에 머무르지 않는다고 한다. 그녀가 아직껏 그림이라는 것을 만나본 적이 없고, 그림이 무엇일 수 있는지도 모르고 있다는 것이 분명해 보였다. 그녀가 그린 그림 중에는 그 어떤 것도 그녀 내면에서 나온 것이 없었다. 모든 것이 그저 관습일 뿐. 완벽한 허위. 아는 여성을 통해 그녀와 이야기를 나눌 기회가 있어서 자기 그림의 영감을 주었다는 니파리*와 루미**에 대해 대화를 나누었다. 그러나 그녀가 이들의 책에 대해서 알고 있는 것은 그저 외적인 것, 피상적인 것에 불과하다는 것을 느낄 수 있었다. 자신이 잘 알고 있는 주제에 대해 누군가가 이야기하게 되면, 그 이야기가 어디서 나온 것인지, 어떤 근원, 존재의 어떤 영역에서 나온 것인지 금세 알게 된다. 그녀가 내놓은 초라한 것들은 그림을 볼 줄 아는 사람이라면 그 누구라도 현혹될 수 없는 것들이다. 루미를 기리는 행사의 일환으로 그녀의 그림이 뉴욕의 컬럼비아 대학에서 전시된 적 있다는 이야기를 듣고 나는 아연실색하였다.

---

* Nîffarî(?~965). 이란 이라크 유역이었던 메소포타미아 지역의 고대 이슬람 신비주의 시인. 《신 곁에 머무르기》, 《신에게 말 걸기》라고 하는 두 권의 시집이 남아 있다.

** Rûmi(1207~1273). 현재의 아프가니스탄 지역에서 태어난 페르시아 신비주의 사상가이자, 시인. 유엔에서는 2007년 그의 탄생 800주년을 맞아 '루미의 해'를 선포하여 여러 기념행사를 열기도 했다.

11월 10일

어느 여고생에게

보내준 편지 감사합니다. 그 안에 보이는 꾸밈없는 마음, 솔직한 어조, 그 내용이 깊은 인상을 주었습니다. 더구나 당신 나이에 내가 그런 편지를 쓸 수 있을까 생각하면 더욱 놀라운 일이지요. 당신 나이는 열일곱 살, 너무도 중요한 시기를 보내고 있는 것입니다. 어쩌면 어려운 시기를 말이지요. 삶에 눈 뜨는 시기이고 발견하고 동요하는 시기입니다. 너무도 많은 일이 일어나 당신을 뒤흔들고 힘겹게 할 것입니다.

내가 당신에게 해줄 말이 무엇일까요?

절대로 자신을 속이지 마십시오. 진실되려 애쓰십시오. 당신 자신이 되려고 말이에요. 당신의 본능, 당신의 직관을 알아챌 수 있어야 합니다. 가능한 한, 오늘날 수많은 영역에서 벌어지는 저 혼란으로부터 당신을 지켜내야만 합니다. 남들처럼 거기 속아 넘어가서는 안 됩니다. 당신이 들은 것, 신문과 잡지에서 읽은 것 중에 어느 것이 진실이고 어느 것이 허위인지를 분간해내야 합니다…….

누구라도 아는 이야기지만 그럼에도 자신을 찾고자 하는 젊은이라면 이 분명한 일들을 새로이 바라보고 생각해보는 것이 유익할 것입니다.

N의 방문. 오스트레일리아 사막 한복판에서 태어난 그녀는 열여덟 살 때까지 그곳에서 살았다. 방문을 마치고 돌아가기 전, 복도에 서서 자기가 《누더기》를 읽었노라고 말했다. 그 책에 관한 이야기를 이어가던 중 그녀는 자신과 자기 가족에

대한 이야기를 들려주었다.

할머니는 산후우울증에 걸린 나머지 정신병원에 입원해야 했다.

그녀의 어머니는 그녀를 낳은 지 몇 달 안 되어 병으로 눕게 되어, 그녀는 할 수 없이 보호기관에 맡겨졌는데, 그 흔적이 평생을 가고 있었다. 아버지가 그녀를 보기 위해 방문한 날도 그녀는 아버지 모습을 볼 수 없었다. 불투명 유리창이 두 사람 사이를 가로막고 있었던 것이다. 이 기관에서는 아이가 우는 것을 막기 위해서 그랬다고 한다. (그 많은 어른들이 아이들을 고통스럽게 하며 즐거워하는 모습이라니!)

그녀는 결코 어머니를 좋아할 수가 없었고, 오히려 아버지와의 사이에 어떤 유대가 맺어지게 되었다.

그녀 나이가 마흔쯤 되던 어느 날 럭비를 좋아하던 남편이 시합을 보러가겠다고 했다. 나도 그를 약간은 알지만, 다른 사람을 존중할 줄 아는 점잖은 이였고, 시합을 보러가겠다는 생각을 나쁘게 받아들일 이유도 전혀 없었다. 그런데 남편이 두세 시간 집을 비우려 한다는 사실 때문에 그녀는 한바탕 소란을 피운 것이다. 설명할 수도, 이해할 수도 없는 격한 소동이었다. 버림받을지 모른다는 두려움이 순간 그녀를 사로잡았던 것이다.

11월 12일, 더니든에서

집은 해변, 바다 쪽으로 삐죽 나온 땅 위에 서있다. 태평양이 그 앞에 펼쳐진다. 오후의 끝자락, 나는 집 위층에 자리 잡은 살롱에 혼자 있다. 커다란 창들을 통해 대양으로 열린 살롱에서 나는 대단한 광경을 목도하고 있다. 먼 바다에서 다가온 얇은 날 같은 것이 몸을 일으켜 세우면서 거대한 회색거품의 파도가 되더니 바람에 물보라의 머리 장식이 흩날린다. 이윽고 말려 감기는 듯한 파도는 몸을 부려놓듯 무너지고 으르렁대며 조금 더 앞으로 나오다가 모래사장 위에서 숨을 거두며 하얀 포말로 흩어진다. 스물 남짓 되는 수의 사람들이 너울대는 거대한 물결 속에서 파도타기를 하며 다가온다. 그 순간 비상종이 울리면서 상어가 해안으로 다가오고 있음을 알린다. 2년 전 수영하던 사람 하나가 상어에게 두 다리를 잃은 채 숨진 일이 있었다.

곶 끝자락에 다가와 절벽을 때리는 파도는 거대한 포말로 부서지고 있다.

종일 비가 내리고 나더니, 구름 사이로 스며 나와 수면 가까이 떨어지는 빛은 해변의 흰빛을 더욱 눈부시게 만드는 중이다.

바람에 밀려가는 구름들은 여러 색조의 회색을 띠고 있다. 여기저기 갈라진 틈으로는 연한 푸른 빛. 대양은 검은 잿빛이었다가 좀 더 맑은 잿빛으로, 그리고 초록의 옥색으로 바뀌어 간다.

바로 곁에는 끝없이 뒤척이는 물결이 있고, 저 멀리에는 거대한 고요가 펼쳐져 있다.

오늘 아침, 잠이 채 깨지 않은 상태에서 커튼 끝을 조금 젖히다가 놀랐다. 검푸른 바다 위 거대한 고요 위에 펼쳐진 금빛 햇살. 침묵 속에 부서져 내리는 파도.

이윽고 빠져들어간 긴 순간의 적멸. 갑자기 존재는 이제까지의 한계를 잊고 확장되어 나가는데, 고요히 다가오던 열락(悅樂).

쏟아지는 빗속에서—이곳에서는 날씨 변화가 급작스럽다—럭비 시합이 진행되는 운동장으로 갑자기 구경을 나서다.

그 뒤에는 최근 개관한 미술관 '아트 갤러리'에 가다. 19세기 후반 영국에서 활동했던 라파엘 전파(前派)주의* 화가들 그림이 전시 중이었다. 나로서는 이들 화가도, 그들의 그림도 모른다. 흥미로웠다. 몇몇 작품이 시선을 끌었다. 그러나 매료되지는 못했다. 이들 화가에게는 사람들이 참선과 관련해 말하는 '구도심(Esprit de la Voie)'이 결여되어 있는 듯했다. 재능들은 분명했지만 시선이 너무 외적인 것을 좇고 있었다. 방향을 바꾸어 내면의 핵심을 탐색했더라면 더 나았을 것이다.

시내에서 몇 킬로미터 떨어진 영국식 찻집에서 우리를 초대한 애니와 점심. 이곳 대부분의 카페는 가구며 내부 설비, 장식들이 일반적으로 몹시 흉해서, 제대로 된 심미안에 의해 모든 것이 만들어지고 선택된 공간을 본다는 것은 아주 기분 좋은 일이었다는 사실을 적어두고 싶다. 목재가구며 양탄자, 커튼, 의자나 소파의 천에 이르기까지……. 벽에 걸린 그림들

* 19세기 중반 영국에서 일어난 미술운동. 라파엘로 식의 우아한 구성과 고전적 포즈, 그를 계승한 매너리즘 화가들과 이후 영국 왕립미술학교의 교육에서 나타난다는 기계적 접근방식을 거부하고 풍부한 세부와 강렬한 색채, 복합적인 구성 등을 옹호했다.

만 조금 실망스러웠다. 뉴질랜드에서는 일급 작가로 여겨지는 화가의 작품들이었다. 안토니 타피에스*를 모방한 듯 싶은 그림들을 대하고 나니 그가 왜 그렇게 중요한 작가로 여겨지는지 이해하기가 어려웠다.

잠깐 스치듯 하는 말이지만, 누구라도 어떤 공간의 분위기에 대해 무덤덤할 수는 없다. 아파트건 카페건 길거리건 시골이나 도시 풍경이건, 분명하게 의식하지 못한다 해도 우리는 그 분위기에 민감하게 반응한다. 어떤 곳은 행복한 느낌이 들고 또 어떤 곳은 당신을 왠지 울적하게 혹은 의기소침하게 한다.

오후에는 오타고 박물관에 들렀다. 태평양지역 미술과 바다, 식민시대와 관련된 전시물들.

그제는 비행기가 크라이스트처치에서 더니든까지 중간 고도로 날았다. 공항을 막 이륙한 뒤에 창을 통해 보니 불과 사오 초 사이에 적어도 아홉 개 정도의 승마조련용 경주로가 내려다보였다. 이 나라에서는 승마대회가 빈번한 것이 사실이다.

캔터베리는 광대한 평원으로서 곡창지대이기도 하다. 들판은 바둑판처럼 정확하게 나뉘어 있다. 맨땅과 풀밭, 그리고 곡식이 자라는 경작지의 서로 다른 빛깔들. 길게 이어지는 새하얀 빛의 산들. 이따금 굽이쳐 돌아가기도 하지만 물이 거의 없이 말라있는 넓은 강바닥. 서로 갈라지고 다시 만나면서 모

---

* Antoni Tapies(1923~). 스페인 바르셀로나 출신 현대추상화가.

래톱 여기저기 고랑을 내며 흐르는 수많은 물줄기들. 밝은 회색의 모래와 보기 드문 연한 터키석 빛깔의 물.

도착한 즉시 애니는 우리에게 도시와 그 주변을 구경시켜 주었다. 더니든 시의 일부는 만(灣) 안쪽을 에워싼 언덕들 위에 서있다. 만개한 진달래와 철쭉이 어떤 것은 붉게, 혹은 자줏빛으로, 또 어떤 것은 연분홍으로 피어있는 집들이 아름답다. 빅토리아나 에드워드 양식*으로 지어진 장대한 건물들은 마치 영국이나 스코틀랜드에 온 듯한 느낌을 주는데, 이 도시를 건설한 사람은 스코틀랜드인들이다.

옛날에는 유목생활을 하던 수천여 명의 마오리족이 오타고 해변에서 사냥을 하며 살고 있었다. 바다표범과 고래를 잡으러 다니는 유럽인들이 오자 양쪽의 갈등은 불가피했다. 1813년, 마오리족이 네 명의 선원을 죽이고 먹어버렸다.

최초의 개척자들이 온 것은 1848년이었고, 1860년에 금과 다이아몬드 지층이 발견되었다. 미국 캘리포니아에서 있었던 것과 비슷하게, 황금을 찾아 나선 사람들이 몰려들었다. 도시는 3만5천 명의 채굴꾼들로 번창했다. 만2천의 주민이 6만으로 늘어난 것이다. 술집, 도박장, 유곽……. 그러나 은행들도 들어서고, 이어서 이 나라 최초의 종합대학, 최초의 의과대학, 최초의 제사 공장, 최초의 일간지, 최고의 학교들도 생겨났다. 20여 년이 흐른 뒤 금맥은 고갈되고 이 도시는 그

---

* 19세기 영국 빅토리아 여왕 치세 기간에 세워진 빅토리아 양식은 산업혁명과 그에 뒤따른 대량건축을 통해 현재 대부분 영국 및 옛 영국 식민지 도시와 소읍들의 모습을 결정지었다. 그 뒤 20세기 초엽 에드워드 7세 치하의 건축은 빅토리아 양식보다 장식적 요소가 덜하고 더 단순하다.

중요성을 잃게 되었다.

애니는 모리스 섬에서 태어나 열아홉 살이 될 때까지 그곳에서 자랐다. 그녀는 부드러운 목소리로 천천히 말하는데 에르(r) 발음을 생략한다. 그 독특한 말투의 매력을 음미해 본다.

11월 13일

오늘 아침에 다시 해가 비쳐서 스위스인 안내자 클로디가 한 20여 킬로미터 길이의 오타고 반도 끝까지 우리를 차로 데려다 주었다.

잠깐 멈춰 선 야트막한 산허리에는 여기저기 가꿔진 뜰 위로 잔디와 꽃핀 나무들이 자라고 있었다. 클로디는 시청이 아니라 이런 뜰 위에서 결혼서약을 했다고 한다. 의아해하는 우리에게 그녀가 설명을 덧붙인다. 뉴질랜드에서는 어떤 사람이 정직, 청렴하며 인간적 덕성을 갖추었을 때, 그리고 공동체에 헌신하고자 하는 마음을 가지고 있을 때, 일정 수의 사람들이 보증인이 되어 추천하면, '평화의 판사' 정도를 뜻할 칭호를 받게 된다. 법학교육을 받지 않고도, 직업이 무엇이든 그는 몇 가지 행정업무를 처리할 권한을 갖는다. 그중에는 시장을 대신하여 결혼식을 주관하는 일도 포함된다. 그래서 남다른 곳이나 유별난 상황에서 백년가약을 맺고 싶은 젊은이들의 부탁으로, 바닷가 모래밭이나 헬리콥터 안에서 혹은 번지점프를 하는 순간에 식을 올려주기도 하는 것이다.

길은 해안을 따라 나 있다. 좁고 구불구불한 이 도로를 만든 것은 강제로 끌려온 죄수들이었다. 도착한 곳은 바다 곁에 바짝 붙은 쉼터. 수풀 속에 두 마리 털가죽물개가 누워 있다. 그중 몸집이 큰 녀석 가까이 갔으나 움직이지 않는다. 다른 녀석은 돌 사이로 미끄러지더니 물속으로 뛰어들었다. 물개는 사람들이 자신과 새끼들 사이로 지나다니면 공격하기도 한다.

알바트로스가 나는 것을 보았다. 이름밖에 모르던 이 새는 보들레르의 시구를 통해 기억에 남아있다. "바다의 거대한 새, 알바트로스……" 반도 끝에는 이 새들이 모여 사는 곳이 있다. 세계 유일한 서식처라고 한다. 날개를 펴면 3미터 가까이 되는 이 새는 시속 100킬로미터 이상으로 날 수가 있으며 지구를 한 바퀴 돌 수도 있다. 짝을 맺으면 평생을 함께 산다. 새끼들이 자라 혼자 지낼 수 있게 되면 암컷과 수컷은 서로 헤어져 남극까지 날아간다. 2년이 지나면 다시 보금자리를 꾸리기 위해 되돌아오는데 놀라운 것은 둘이 거의 같은 시각에, 몇 시간 간격을 두고 도착한다는 사실이다. 전문가들이 여러 해 동안 이 새를 연구해 오고 있다. 한 마리 한 마리 구분하여 반지를 채워서 관찰하는데 지금은 그 생활방식을 소상히 알게 되었다고 한다. 예순 살이 된 암컷 한 마리는 '할멈'이라는 이름으로 더니든의 명사(名士)가 되어 있다고!

만 건너편, 산들이 펼쳐진 위로 빛과 그림자가 함께 유희를 하고 있다. 전나무들의 검푸른 빛, 관목 숲의 잿빛 도는 칙칙한 초록, 황야의 희끄무레한 녹색, 활짝 핀 금작화 꽃밭의 겨자 빛 노랑. 이 아름답기 짝이 없는 해변풍경을 바라보고 있노라니 아득한 기쁨이 밀려오는 것이었다.

너무 짧은 소풍. 공원을 산책해 보았으면 좋았을걸 하는 생각, 뉴질랜드에서 가장 아름답고 가장 오래된 건물 중 하나로서, 장엄한 플랑드르 양식으로 만들어진 정거장을 못 본 것이 아쉬웠다.

11월 14~16일, 아카로아에서

수백만 년 전, 두 개의 화산이 폭발하면서 크라이스트처치 남동쪽에 섬을 만들었고 뒤이어 몇 차례 지진으로 두 화산지대 모두에 넓은 균열이 생겨 바닷물이 밀고 들어왔다. 섬은 나중에 용암과 충적토가 쌓이면서 대륙과 연결되었다. 하늘에서 찍은 사진들을 통해 동쪽에 있는 화산 전체를 조감할 수 있다. 솟구치고 패어 있는 심한 기복. 삐죽한 바위산과 깊은 계곡의 연속. 깎아지른 낭떠러지의 곶. 톱니모양의 해안.

아카로아 마을은 깊숙이 들어간 만 안쪽, 화산 분화구에 자리를 잡았다. 풍경은 아름답기 그지없다. 지금은 돈 많은 사람들, 흔히 외국인들이 멋진 저택을 짓고 싶어하는 곳이 되었다.

1838년에 프랑스 포경선 한 척이 이곳 해안에 닿은 적이 있다. 그 2년 뒤 프랑스 개척자들이 식민지를 건설하려고 상륙했을 때는 영국인들이 뉴질랜드에 대한 지배권을 막 선포하고 난 무렵이었다. 그들이 닷새만 빨리 도착했더라면 이 열도는 오늘날 아마 프랑스령이 되었을 것이다.

몇몇 집에서는 프랑스 삼색기를 내걸었고 길거리도 프랑스식 이름을 가진 곳들이 몇몇 있다. 그러나 프랑스의 존재는 이제 추억거리에 지나지 않는다. 개척자들의 후손은 누구나

온전히 그저 뉴질랜드인인 것이다.

길 위에 큰 솥이 세 개 걸려 있는데, 고래 지방으로 기름을 만드는 중이었다.

마오리족은 전사(戰士)들로서 부족 간에 자주 전쟁을 벌이곤 했다. 사람들이 구경시켜준 한 작은 반도에서는 19세기 말 한 부족이 다른 부족을 학살하고 패배자를 상대로 식인이 이루어졌다고 한다.

1875년 프랑스인들이 지은 '코로네이션 도서관'에서 약속이 있었다. 목재로 된 아주 단순한 건물로 방이 하나뿐이었다. 긴 탁자 둘레에는 오래되고 묵직한 소파들이 놓여 있다. 벽은 책장으로 채워져 있다. 그 역사를 알고 나면 어떤 느낌이 일어나지 않을 수 없는 건물이다. 헤어지기 전에 베아트리스 엥자니의 친구들인 존과 제니를 알게 되었다.

토요일 아침에 방파제를 산책하다가 어제 만난 프랑스 젊은이를 다시 보았다. 발랑스 출신으로 미국과 세네갈에 산 적이 있다고 한다. 자기가 머무르려는 나라에서 몇 달씩 일을 하며 세계일주를 하는 중이었다. 뉴질랜드 다음 나라는 일본이란다.

마르틴 마르샬과 함께 화가이자 조각가인 여성을 찾아갔다. '코로네이션 도서관'에서 방 안쪽에 어떤 여인이 이상한 모자를 쓰고 있는 모습이 눈에 들어왔었는데, 바로 그녀였다. 더부룩한 푸른 머리에 쾌활한 시선, 편안한 미소, 단순함으로 가득한 사람. 그녀의 놀라운 창조력은 정원에, 방안에, 그리고 특히 그림과 금속 조각에 여러 가지 방식으로 표현되고 있었다. 원초적 예술에 속하는 바로크 예술. 그녀를 둘러싸고 있

CORONATION
LIBRARY

는 모든 것이 직접 만들고 고치고 개축하고 재구성한 것이었다. 대단한 여성. 오랫동안 이야기를 나눌 수 있었으면 좋았을 것이다.

그 지역에 자리 잡고 사는 프랑스인 사진작가와 사진 촬영이 있었다. 런던에 몇 년 산 적이 있는데 그때 전위예술가 그룹과 어울려 지냈다고 한다. 그 뒤로 토론토, 밴쿠버 등지에서 살기도 했다. 지금은 자기 집에서 대규모 작업을 하고 있다. 아기를 낳은 지 얼마 되지 않았는데, 부부가 무척 행복해하고 있었다. 그와의 즐거운 대화. 그가 겪어온 삶은 자신과 타인에 대해 명료하고 투명한 시선을 갖게 해주는 것이었다. 자아에 의해 지배되지 않는 시선을 말이다.

마르틴과 점심. 릴 출신인 그녀는 크라이스트처치에 살고 있는데, 교사이자 명예영사다. 그녀의 이야기를 들어 보니, 양차 세계대전 사이까지만 해도 북쪽의 한 마을에서는 옛 전통에 따른 풍속이 이어지고 있었다고 한다. 일 년에 한 번씩 사람들이 모두 모인 자리에서 누군가가 한 해 동안 마을에서 일어난 중요한 일들에 대해 이야기한다는 것이다. 그런데 적잖은 내용이 유머와 미묘한 표현을 섞어 놓은, 숨은 언어로 되어 있음을 알 수 있다. 이 연대기는 '수탉의 판정'이라고 하는데, 종탑에 있는 수탉은 마을에서 무슨 일이 일어났는지를 모두 보았다고 여기기 때문이다. 이 연대기 보고가 끝나면 수탉을 잡아 제물로 드린다.

오후에 존이 사륜구동 차를 몰아 우리를 능선으로 안내하였다. 나무가 없는 광활한 초지에서 드문드문 양들이 풀을 뜯고 있었다. 만과 분화구, 산들이 굽어보인다. 페닌슐러 뱅크

(Banks Peninsula)의 곶 끝에 이르면 높다란 절벽 아래 파도가 부딪치며 부서지는 소리가 아련하다. 우리가 서있던 자리에서는 돌고래며 고래, 상어들이 보인다는데, 그날은 아무것도 볼 수 없었다.

끝없는 하늘. 끝없는 바다. 강렬한 햇살. 시간 밖으로 흐르는 순간들, 존재는 그저 고요한 도취가 된다.

존이 우리를 안내한 다음 장소는 바닷가에 있는 마오리족 마을, 카익이었다. 길 건너편에 있는 마오리족 공동 소유의 집은 사람을 만나거나 회합, 혹은 의식을 거행할 때 쓰이는 곳으로서 사회생활에 중요한 역할을 하는 곳이었다. 집은 안팎으로 조각상이나 문양 따위가 새겨진 판들이 장식되어 있었다. 19세기 말엽 멸종 위기에 처해 있던 마오리족은 이런 집들 덕분에 자신의 정체성을 되찾을 수 있었고 마오리 문화를 부흥시킬 수 있었다.

잔디밭으로 둘러싸여 있는 작은 교회가 우아하다. 바로 곁에는 조각상이 서있고 입구 주위에는 문양 새긴 판들이 둘러싸고 있는데, 곁에 있는 마오리족 공동소유의 집을 그대로 옮겨놓은 듯했다.

자동차를 세워둔 곳으로 돌아가려는데 존이 알고 있는 한 마오리인이 다가오더니 자기와 함께 그 집을 둘러보지 않겠냐고 했다. 자기가 다른 한 명의 조각가와 함께 문양 판이며 조각상들을 만들었다고 한다. 집에 들어가기 전에 신발을 벗어야 했다. 그가 만든 작품에 대해서는 다른 사람이 무슨 이야기를 해서는 안 되었다.

조각가의 나이는 서른다섯. 크고 호리호리한 몸매가 잘

균형잡혀 있었다. 얼굴 윤곽은 섬세하고 피부는 황갈색이다. 왠지 모를 두려움으로 굳어진 날카로운 시선은 당신을 뚫어지게 바라보지만, 마주하고 있는 사람의 시선 역시 자기를 지켜보고 있다는 것은 모르고 있다.

조각가로서의 그는 전통을 쇄신하고 싶어하는데, 그 때문에 전통고수파들과 갈등 관계에 놓여 있다. 그의 말을 내가 제대로 이해했다면, 공동의 집에 세울 판을 만드는 동안 여자들을 작업장에 들어오게 했다는 이유로 이들 반대파들의 비난을 받고 있다고 한다. 몇몇 인류학 관련 책들에서 읽은 기억으로는 소위 원시사회에서는 성스럽게 간주되는 것에 접근할 권리가 여성들에게는 없다. 가면이라거나 의상, 물건, 장소…… 여성들은 피를 흘리므로, 어떤 경우에도 부정을 타면 안 되는 것을 행여 더럽힐지 모른다는 것이다. 여성과 접하게 되면 성스러운 것이 그 신성을 잃게 된다고 여긴 것이다.

존이 주말이면 아내와 장성한 두 아들을 데리고 오는 집에 가서 차를 마셨다. 오솔길을 따라 내려가면 닿는 곳이다. 나무들 사이, 가파른 비탈에 지어진 집. 초록의 터널 저 아래로 바다가 보였다.

저녁에 술집에 가니 뉴질랜드와 호주 사이의 럭비 월드컵 4강전을 중계하고 있다. 바로 인접한 이 두 나라 사이의 스포츠 경쟁은 항상 뜨겁다. 나라 전체가 자기 편을 응원하면서, 이길 수밖에 없다는 확신에 차 있다. 열광, 흥분, 도취. 그러나 시합이 진행될수록 함성이나 갈채, 한 마디씩 하는 소리가 점점 줄어든다. 마침내 뉴질랜드 올블랙스 팀이 졌다는 것을 인정할 수밖에 없었다. 사람들이 하나둘씩 빠져나간다. 술집을 감싼 적막감, 기운 없는 소리로 한두 마디 주고받는 이야기 소리는 남자건 여자건 이들 뉴질랜드인들이 얼마나 실망했고 얼마나 상처받았는지를 느끼게 해주었다.

11월 17~19일, 크리이스트처치

오클랜드 다음으로 큰 두 번째 도시 크라이스트처치가 얼마나 아름답고 매력적인지를 여러 번 들었다. 그러나 월요일인 오늘 아침에는 몹시 춥고 세찬 비가 퍼부었다. 어제 갔던 산 능선에는 눈이 내렸다. 여기도 더니든처럼 남극에서 오는 바람이 불면 기온이 급격하게 내려간다. 한번은 몇 분 사이로 20도가 내려간 적도 있다.

우리는 최근에 지어진 '미술관'으로 몸을 피했다. 유리로만 지어진 거대한 건물이다. 뉴질랜드 화가들의 흥미로운 그림들이 전시되어 있었다. 매번 궁금해진다. 이 사람들은 누구인가? 그들은 어떻게 살아왔는가? 그들의 역정은 어떤 것인가? 무명으로 만든 고운 공책을 하나 산 것은 한 번에 열 권씩 사곤 하던 브루스 채트윈*이 생각나서였다.

파리 대학 출신 중국계 수학박사와 잠깐 이야기. 너무 짧은 게 아쉬웠다. 학문의 샘물처럼 보이는 사람, 다른 이들 말로는 그가 만일 일본에 살았다면 틀림없이 '국보(國寶)'로 추대되었으리라고 한다. 그의 아버지는 노다지를 캐러 다니는

---

* Bruce Chatwin(1940-1989). 영국의 여행기 작가. 《파타고니아에서》 등의 기행문을 남겼다.

사람이었다.

시립도서관에 내가 쓴 책 한 권이 있다는 것을 알고 놀랐다. 더 놀라운 것은 그것이 중국어로 번역된《눈뜰 무렵》이라는 사실이었다.

크라이스트처치 대학에도 다른 뉴질랜드 대학들과 마찬가지로 아시아계 학생들이 많다. 뉴질랜드 정부 차원에서 아시아계 학생들을 유치하려고 열심인데, 재정에 막대한 수익을 가져오기 때문이다. 그런데 이 학생들은 대체로 뉴질랜드 학생들보다 부유하다. 본토 학생들은 학비를 조달하기 위해 시원찮은 일거리를 찾을 수밖에 없고 흔히 카페나 식당 종업원으로 일하게 된다. 피로와 허비된 시간은 공부에 방해가 되고 시험에서 좋은 성적을 얻을 기회가 적어진다. 그 때문에 자기들보다 더 유리한 처지에 있는 외국인 학생들에게 적개심을 갖게 되는 것이다.

햇빛이 비치는 따뜻한 날. 해글리 공원에서 산책. 캔터베리 박물관을 찾아가니 크라이스트처치의 옛 거리가 그대로 재현되어 있다. 상점, 구멍가게, 수공업자들……. 전시실 한 곳은 모아라는 새를 보여주고 있는데, 커다란 타조의 일종인 이 동물은 파케하*들이 오기 전까지는 마오리족의 식량이었다. 한쪽 벽면에는 남극대륙 탐험의 역사가 그려져 있었다. 남극으로 떠나는 과학자들은 여기를 기지로 삼았던 것이다.

---

* 마오리족이 뉴질랜드를 찾은 유럽계 백인을 부르던 말. Pakehas는 어원적으로 '근본을 알 수 없는, 하얀 피부의 인간'을 가리킨다고 한다.

마르틴 마르샬의 집—눈에 띄지 않고 아늑한 기분이 드는 그곳은 한번 살아보고 싶은 느낌이 드는 곳이다—에서 다클리를 만나다. 20여 년 전부터 프랑스 럭비 국가대표팀이 뉴질랜드를 찾아오면, 늘 그가 그들을 맞이하고 체류 기간 중의 이러저러한 문제들을 해결해 왔다.

11월 22일

오늘 신문 1면에는 언젠가 웰링턴을 부분적으로 파괴하게 될 지진 관련 기사가 실렸다. 꼿꼿이 서있던 모든 것이 엿처럼 휘어진 모의실험 사진도 보인다. 방파제며 부두, 시내로 뚫고 들어온 고속도로, 그 위를 가로지르는 다리며 육교들, 아파트, 빌딩……. 그러나 실제 일어날 수 있는 상황은 이보다 훨씬 심각하다.

한 달 사이에 네 차례의 지진이 기록되었는데, 그중 가장 센 것은 리히터 진도 4.4다. 진앙지는 바다 밑이거나 지하. 군도 전체에서 웰링턴이 위치한 곳이 가장 위험하다. 활동이 왕성한 네 단층 중 하나가 도시 중앙을 지나는데, 그곳은 빌딩 밀집 지역이다.

지진이 오기 전 대지가 으르렁거리면 부서지고 깨지는 소리들이 들리며 이윽고 모든 것이 무너져 내린다. 여기저기 화재가 발생하고 도시는 수도, 가스, 전기 공급이 끊어진다. 평일에는 매일 7, 8만 명의 도로 이용자들이 웰링턴으로 오거나 빠져나간다. 그러나 지진이 발생하면 모든 접근로가 끊기고 소방대원들의 구조활동도 어려워진다.

전문가들의 추정에 따르면 리히터 규모 7.5 정도에 이르게 될 이 지진의 경우 부상자, 사망자, 무너진 건물더미에 매몰된 자들이 수천 명에 이르게 된다. 구체적 재산손실은 20조 달러로 평가되고 재난에 따른 경제적 피해는 40조 달러에 육박한다.

기사를 쓴 이의 결론은 웰링턴 주민들이 3일분의 식량과 1인당 9리터의 식수를 비축하고 손에 닿는 곳에 손전등과 라디오, 응급처치용 가방 등을 준비해 두라는 것이었다.

이 지진이 언제 일어날 것인가? 일주일 뒤? 열 달, 혹은 40년 아니면 50년 뒤? 그것을 예측할 수 있는 사람은 아무도 없다.

11월 23일

웰링턴 해양박물관에서 난파선 와하인 호에 대한 5분짜리 기록영화를 볼 수 있었다. 1968년 4월 10일 낮, 7백 명 이상의 승객을 태운 9천 톤가량의 배는 크라이스트처치에 있는 항구 리틀톤에서 전날 밤 출항하여 웰링턴을 향하는 중이었다. 그런데 10일 아침 갑자기 무시무시한 폭풍이 밀어닥쳤다. 시속 160킬로미터의 바람. 파고는 6미터에 이르렀다. 웰링턴 역사상 유례가 없는 이 격렬한 폭풍을 도시 전체가 아홉 시간이나 견뎌야 했다. 화면을 보고 있노라니 방금 폭격을 당하고 난 도시 모습이다. 항구로 가는 수로에 접어든 와하인 호로서는 모든 것이 다 어려운 형편이었다. 언제나 표지 구실을 하던 등대는 고장났고 한 치 앞도 보이지가 않았다. 그리고 선박은 최악의 경우로서, 스크루까지 잃어버린 상태였다.

오후로 접어들면서 배를 포기하라는 지시가 내려졌다. 그러나 구명 보트 여덟 개 중 바다로 던질 수 있는 것은 네 개뿐이었는데 그나마 하나는 뒤집어지고 말았다.

결국 암초에 걸린 배는 옆으로 넘어진 채 움직일 수 없게 되었다. 해안에 있는 사람들이 이 비극을 보고 있었지만, 당시 상황은 어떤 구조작업도 불가능했다.

난파 과정에서 50여 명이 목숨을 잃었다.

화면에 비치는 몇몇 장면들은 배가 출항할 때의 것이다. 또 다른 장면들은 배가 침몰하기 시작할 때 해안에 서있던 어떤 사람이 우연히 찍은 필름에서 가져온 것이다. 스무 명 정도의 사람을 실은 대형 보트가 다가오는 것이 보인다. 거대한 파도가 계속 몰려오는데 보트를 바닷가로 끌어오기는 지난한 일이었다. 구조된 여성들은 얼이 빠진 상태였다. 바다 위에 떠다니는 시신들. 방금 겪은 악몽의 흔적이 그대로 남아있는 시선과 표정을 하고 있던, 열두엇쯤 되었을 어린애가

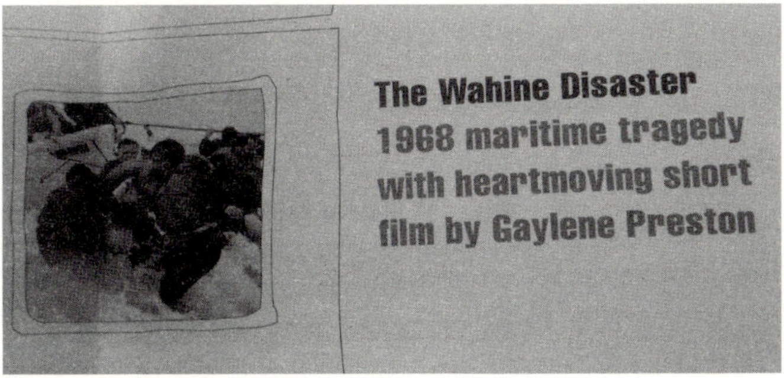

잊히지 않는다.

이 필름은 잠시 뒤 반복 상영된다. 이따금 화면 아래에 꽃다발이 놓여있을 때가 있다. 살아있는 모습의 딸이 몇 초 동안이나마 화면에 나타나는 것을 보러 온 어머니가 그 꽃을 두고 갔다는 것을 아는 순간, 당신의 마음은 울컥 흔들리게 된다.

영화를 보고 난 뒤 나는 멍해진 듯, 한참을 기다리고 나서야 마음이 진정되었다.

연안이 들쭉날쭉한 쿡 해협 지역은 태풍이 갑자기 몰아치곤 하는데 그 기세가 격렬하기 짝이 없다. 지난 160년 동안 이곳 수로에서 발생한 난파사고가 150건이었다. 최근에는 1981년에 수페르노바 호가, 1986년에 레르몬토프 호가, 1996년에는 또 마리아 루이자 호가 침몰하였다.

웰링턴 만은 바다로 열린 면적이 넓지만 암초들이 많아 만으로 진입하는 길이 비좁고 위험하다. 어느 날 이 해로로 접어든 60여 척의 배들이 다시는 항구에 닿을 수 없었던 것이다.

11월 25일

이웃집들 난간을 칠하고 있던 젊은이와 두세 마디 서툰 영어를 주고받았다. 그의 팔과 손, 얼굴에는 문신이 있었다. 팔이나 다리에 문신을 한 마오리족 사람들은 많이 보았지만, 이마와 뺨, 턱과 목에까지 문신을 한 사람은 처음 보았다. 왠지 기이한 느낌이 들었다고밖에 할 수 없다.

11월 27일

장, 미레이유와 함께 파머스턴 노스에 갔다. 마세이 대학에서 몇몇 교수들을 만났다. 화산학을 전공한 교수도 보았는데 내게 흥미로운 질문들을 하였다. 부유한 식민지 이주민이 소유했던 땅에 세워진 대학은 커다란 나무들 사이에 둘러싸여 풍광이 좋았다. 그가 살던 집은 그대로 보존되어 지금은 한쪽은 교수 식당으로, 다른 쪽은 살롱으로 쓰는 몇 개의 널찍한 방으로 이루어져 있다.

럭비 박물관을 못 보고 이곳을 떠나게 되어 못내 섭섭했는데, 대신 나를 맞아준 교수가 1994년, 프랑스와 뉴질랜드의 연습경기가 끝난 뒤 자기가 썼다는 11쪽짜리 글을 주었다. 제목은 〈세상 끝의 역습〉.

그전 일요일에 프랑스 팀이 뉴질랜드 올블랙스 팀을 22 대 8로 대파했는데, 자기 나라에서 이 정도의 수모를 당한 것은 45년 만에 처음이었다. 일주일 뒤 자존심이 상한 뉴질랜드 팀은 진짜 복수를 하겠다며 단단히 벼르고 있었다. 잔디 경기장에서 펼쳐지는 광경은 그것이 빈말이 아님을 보여주었다. 시종 올블랙스가 압도하고 있었던 것이다. 점수가 앞서가던 팀은 명성에 걸맞은 승리를 향해 가고 있었다. 그런데 단 몇 분 사이에 저 고약한 프랑스인들이 예측할 수 없는 황당한 경기를 펼치며 상황을 뒤집어 놓고 말았다. 어이없는 역습을 펼치며 45미터를 질주한 끝에 트라이를 성공시킨 것이다. 그 직후 번개처럼 공을 가로채더니 다시 트라이를 성공시켰다. 올블랙스는 다시 지고 말았다. 일주일 사이 두 번의 패배. 망연자실이었다!

11월 28일

며칠 전 워스 만과 카라카 만 사이에 있는 웰링턴 만 10여 미터까지 상어 한 마리가 다가온 것을 어떤 선원이 알려왔다. 경계태세에 들어간 해안경찰 역시 그 상어를 확인하였다. 신문에 실린 사진을 보니 길쭉하고 검은 형체였는데 물 밖으로는 등지느러미와 꼬리 일부가 드러나 있었다. 전문가의 이야기로는 해안 가까이에 온 상어가 몸을 덥히려고 수면 위에 머물러 있었다고 한다.

한 존재의 내면에서 체험되는 모든 것, 그중 무엇도 밖으로는 드러나지 않는다. 크리슈나무르티*의 책을 읽는 여러 해 동안 나는 마치 그의 눈길 아래 살고 있는 듯했다. 그의 윤리적 요구는 나의 것과 일치하였으며 내 요구를 더 엄격하고 까다롭게 만들었다. 물론 그런 높은 수준의 요구에 맞게 살기란 내게 불가능하였다. 위에서 나를 따라다니던 그 눈길은 내가 잘못하는 순간이면 늘 나를 응시하고 있었다. 그 몇 해 동안 나는 끊임없이 죄책감에 시달렸다.

그렇게 오랫동안 내 내면의 삶이 몰두해 있던 그 싸움, 그 좌절을 설명하기에는 이 짧은 몇 마디가 충분하지 않다.

---

* Jiddu Krishnamurti(1901~1986). 인도 출생의 저술가, 명상가. 철학과 영성에 관한 많은 저술을 통해 동시대인들에게 적잖은 영향을 미쳤다.

12월 1일

월요일인 이날, 웰링턴은 열에 들떠 있다. 하루 종일 〈반지의 제왕〉 시리즈의 3편인 '왕의 귀환' 선전행사로 떠들썩하다. 세 편 모두 뉴질랜드 감독이 뉴질랜드에서 촬영하였는데, 어마어마한 작업이었던 것이, 세 편 모두를 동시에 찍었던 것이다. 전체 촬영에 걸린 기간은 18개월!

며칠 전부터, 아니 2, 3주 전부터 특히 공항 등지에는 기다란 유리창 안에 영화에 나오는 인물들의 실물크기 인형들이 전시되고 있다. 끔찍한 느낌을 주거나 혹은 무시무시한 짐승들 모습도 마찬가지다.

오늘은 시내 중심가의 대로 중 한 곳에 붉은 카펫이 깔리고 남녀배우들이 등장하며, 용감한 기사들이 말을 타고 행진을 한다. 그리고 줄곧 행렬을 따라가는 수많은 열성적 군중……. 노천에 세운 대형 스크린에 이미 출시된 두 작품이 상영되고, 그리고 연주회…….

여러 해의 준비 과정이 필요했던 6억 불짜리 초대형 영화, 어렵게 살아가던 수백 명의 예술가들이 덕분에 일거리를 찾을 수 있었었다. 250필의 말, 천여 벌의 갑옷, 만2천 점의 무구, 270회의 전투장면을 준비하고 30킬로미터의 길을 새로 닦았다……. 이 영화를 준비하고 만들어낸 사람은 모두 약 2만5천 명이었다.

유명인들을 초청하여 진행되는 시사회가 저녁에 열릴 예정인데 장소가 길모퉁이에 위치한 건물이다. 양쪽 길에 면한 두 벽에 거대한 용이 발톱과 꼬리를 바짝 붙인 채 아래쪽을 내려다보며 머리를 치켜들고 있는데 두 눈은 튀어나올 듯하

고 입을 쩍 벌린 모습이 금방이라도 길로 뛰어내려 행인들을 집어삼킬 듯한 기세다.

여러 나라에서 진행될 예정인 이 선전행사의 비용만 850만 달러.

12월 3일

제인 멘더가 쓴《뉴질랜드, 어느 강 이야기》를 다 읽었다. 읽는 동안 흥미진진했다. 세 사람의 주인공과 그들의 사랑 이야기를 통해, 강과 덤불숲 말고는 아무 것도 없던 이 지역에 도착한 정착민들의 삶을 그리고 있다. 개척민 중의 한 사람이 일단의 사람들을 데리고 벌목작업을 시작하고 제재소를 만들고 통나무를 도시로 운반하게 한다.

개척민들이 여기서 본 것은 카우리라는 나무의 거대한 숲으로, 30미터 높이에 이르는 이 나무들은 가지가 전혀 없고 마디도 없으며 수명이 3천 년에 이른다고 한다. 애석하게도 이 나무들을 무수히 베어낸 나머지 지금 남아 있는 것은 얼마 되지 않는다.

꼭 필요하지 않은데도 덤불숲을 태워버리는 일이 허다했다고 한다. 사람들 말로는 어쩌면 불합리한 이유가 있었으리라는 것이다. 그렇게 많은 숲을 없애려 든 것은, 숲이 불러일으키는 두려움 때문이리라. 그 결과 지금은 이 지역 전체 언덕과 산에 여기저기 온통 헐벗은 곳이 눈에 띈다.

잘 다듬어진 문체로 쓰인 이 소설은 인간의 행태를 제대로 분석하고 있다. 하지만 소설이 흥미로웠던 것은 내가 마침

정착민들의 삶이 어땠는지를 알아가기 시작하는 참에 책을 읽게 된 탓도 있을 것이다.

얼마 전, 뉴질랜드에 정착해 산 지 50년쯤 된 프랑스인 페리 씨 부부의 저녁 초대를 받았다. 그들은 만 다른 쪽에 살고 있는데 숲 안쪽 언덕 경사면에 지어진 아주 아름다운 집이었다. 원래는 농학을 공부했는데, 건축에 특별한 재능이 있어서 집 설계도 그가 한 것이었다. 그런데 이 집을 팔고 웰링턴 교외에 자기가 설계한 집을 새로 지을 생각을 하고 있었다.

한 20년을 '양털 구매인'으로 살아왔다고 한다. 그러다가 직업을 바꿀 생각이 들어 외진 곳에 농가를 짓고 양을 키웠다. 그런데 수량이 엄청나게 불어나는 강을 자주 건너야 하는 것이 문제였다. 그들의 이야기를 듣고 있는 동안 제인 멘더의 소설에서 읽은 강과 그 강의 범람이 연상되었다.

소설은 내용이 풍성하여 내용 대부분이 작가의 자전적 이야기가 아닐까 싶었다. 1877년에 태어나 1949년에 죽은 이 여성이 어떤 사람이었는지 알고 싶어졌다.

아버지는 목수이자 제재업자로서 방대한 카우리나무 숲에서 살았다. 그 가족은 사는 곳을 여러 차례 옮겨야 했던 모양이다. 아무런 편의시설이 없이 외따로 사는 고단하고 가난한 삶은 금세 어머니를 병들게 하였다. 제인은 학교를 다니다 말다 할 수밖에 없었는데, 대부분 어머니가 일을 시킨 탓이었다. 더 자라서는 학교에서 '학생 겸 자습감독'이 되었다.

그야말로 자수성가한 인물인 아버지는 목수에서 국회의원이 되었다. 20년을 의회에 있었던 그는 신문사 주인도 되었는데, 그 덕에 제인이 신문 세계에 발을 들여놓을 기회가 생졌다.

중요한 의미가 있는 두 차례의 시드니 여행 뒤에 그녀는 컬럼비아 대학에서 저널리즘을 공부하기 위해 미국으로 건너간다. 그녀는 빼어난 학생이었다. 그러나 소설을 쓰는 데 매달린다. 게다가 학비를 벌기 위해 노동을 하지 않으면 안 되었다. 과로로 결국 학업을 포기해야 했던 그녀는 평생을 병약한 상태로 지내야 했다.

그녀의 원고는 여러 차례 편집자들의 거절을 당하는 수모를 겪었다. 그러다가 1917년, 《뉴질랜드, 어느 강 이야기》가 받아들여졌고 그 3년 뒤 출판된다. 작품의 성공은 국제적이었지만, 뉴질랜드에서의 반응은 싸늘했다. 많은 점에서 그녀의 생각은 앞서나간 것이었고, 19세기 영국식 향토문학 소설 관습을 지키지 않았다는 비난이 가해졌다. 성과 종교에 대한 그녀의 거침없는 이야기도 시빗거리였다. 그녀의 소설은 '미풍양속'을 해칠 염려가 있었고, 그래서 도서관에서는 특별취급서적 칸에 꽂히게 되었다. 성인이 그 책을 빌리기 위해서는 사서에게 특별열람을 요청해야 했던 것이다.

소설을 읽는 동안 내내, 나는 작가에 관한 수많은 질문이 떠올랐다. 어떤 얼굴을 한 사람일까? 목소리는? 눈길은? 그녀가 사랑한 사람은 누구였을까? 어떻게 해서 그녀는 글을 쓰게 되었을까? 어떤 사람들이 영향을 미친 것일까? 시드니에서, 뉴욕에서, 런던에서 그녀가 체험한 것은 무엇이었을까? 싱싱 교도소에 갇혀있는 죄수들을 보며 그녀가 느낀 것은 무엇이었을까? 그녀의 일상은 어떤 것이었을까? 자신이 가지고 있던 날카로운 관찰력을 스스로 알고 있었을까? 그녀가 이 소설을 쓰던 방은 어떤 모습이었을까? 자기가 쓴 글을 그녀는 어떤 시선으로 바라보았을까?

끝없는 궁금증이 계속되었다. 그녀의 출신을 생각하면 그녀가 불굴의 인간형이었으리라 짐작할 수 있다. 왜 그녀는 자서전을 남기지 않았단 말인가!

"이제 막 자신을 세상에 드러내놓은 그녀는 스스로에게 물었다. 무엇 때문에 내 느낌을 사람들이 아는 게 그토록 싫었을까?" 이 구절을 읽다가 나는 생각에 잠겼다. 바로 내 문제이기도 했기 때문이다. 제인 멘더 소설의 여주인공이 자신에게 던지는 이 질문을 내게도 그대로 해볼 수 있다. 그렇다, 그 오랜 시간을 왜 나는 그렇게 자신을 가둔 채 살아온 것일까? 어두운 내 내면의 밤 속에서 진행되는 것을 누군가가 응시하는 일이 왜 그토록 두려웠을까? 내가 탐색하고 있는 것을 남이 아는 것 말이다. 어린 시절 처음 느낀 이래 그토록 벗어나기 힘들었던, 어른들에 대한 저 두려움이 여전히 나를 사로잡고 있었기 때문일까? 제대로 이해되지 못할까봐 두려웠던 것일까? 잘못 판단될까봐? 혹은 나의 허약함이 나로 하여금, 내게 더 많은 고뇌를 가져올 수 있는 것은 아예 피하라고 요구했던 것일까?

그러나 오래전부터 글쓰기는 나에게 스스로의 빗장을 풀게 해주었다. 글쓰기란 나를 내주는 것이라는 사실, 있는 그대로의 자신을, 자기 안에 지니고 있는 것을 주는 일이라는 사실을 이해한 날부터 나는 두려움이나 검열, 혹은 이러저러

한 고려로 자신을 속박함이 없이, 내가 해야 할 말을 하려고 한다. 내 내면에서 진행되는 것을 드러내 보일 때 독자는 자기 자신 안에서 그것을 발견하게 될 것이다. 그러므로 나는 우리 둘 다 많은 것을 공유하고 있다는 사실, 그가 나를 어떻게 여길지 두려워할 필요가 없다는 사실에 의지하고 있는 것이다.

12월 5일

퍼트리샤 그레이스, 사람들 말에 따르면 그녀는 이곳에서 거의 아이콘처럼 존경받는다고 한다. 그녀가 친절하게도 내 처소로 찾아와 두 시간쯤 머물다가 갔다. 어머니는 마오리인이고 아버지는 영국인이다. 자기가 가진 두 개의 언어, 두 개의 문화가 그녀에게 문제된 적은 한 번도 없었다고 한다. 1937년생인 그녀는 여전히 아름다웠다. 빠질 데 없는 이목구비와 거무스레한 피부, 회색 눈과 굵은 목소리. 이제 조금 흰머리가 생기기 시작했다. 그 단순함이 존경스러웠고 젊은이 같은 웃음이 사랑스러웠다. 어떤 종류의 질문에 대해서는 잠시 생각에 잠긴 뒤 대답을 하였다. 일곱 아이를 키우고 교사로 근무하며 작품을 써낼 수 있는 기운이 어디서 나오는가? 마오리족 남편과 함께 그녀는 타스만해 가장자리에 있는 카피티 연안에 사는데, 어릴 적 살았던 마을을 한 번도 떠나지 않고 지키며 사는 것이다. 그녀는 한 번도 자신의 고향마을과 자신을 단절시킨 적이 없었다. 그녀가 이름을 얻은 것은 《포티키, 사랑의 인간》이라는 작품을 통해서였는데 방금 읽고 난 참이다. 한 줄 한 줄 읽어가면서 느끼는 것은 작가를 둘러싸고 있는 문화는 우리들의 그것과 완연히 다르다는 사실이다. 대지와 바다가 줄곧 거기 존재하며 조상 또한 그러하다. 상상력 역시 세대에서 세대로 전해지는 민담, 전설과 함께 중요한 역할을 한다. 구전문화를 가진 이 종족은 놀라운 기억력을 소유하고 있다.

그녀는 이틀 전에 소설을 하나 마쳤다고 한다. 그 주제가 무엇인지는 모르겠다. 내가 아는 사실은 두 개의 공동체—마오리와 파케하—가 늘 사이좋게 지내는 것은 아니라는 사실이다. 수많은 문제, 극복해야 할 수많은 어려움이 있을테니, 마오리 출신 여성소설가로서는 작품에 필요한 소재를 찾기가 어렵지 않을 것이다.

12월 7일

어제는 사라와 함께 기차를 타고 와이라라파에 전원주택을 가지고 있는 빈센트 오설리번을 찾아갔다. 한 시간 이십 분 걸려 만 반대편에 있는 웰링턴 동쪽 언덕들을 지나갔다. (이들 언덕의 높이는 3백 미터 정도지만, 바다 위로 솟아 있어서 산처럼 보인다. 회색에 돌투성이로 꼭대기에는 흰 구름이 길게 걸려 있는 때가 많다.)

작은 시골 역. 흙을 쌓아 올린 터에 있었던지라, 삼사 초 동안은 내리기가 불가능했다. 바람이 벽처럼 막아서 있었다. 우리의 하루를 망치지는 않은 걸로 봐서 나중에 바람이 약해진 모양이다.

빈센트는 호주에서의 순회 강연을 마치고 돌아와 있었다. 그는 제2차 세계대전의 영웅이었다가 이집트에서 자살한 어떤 뉴질랜드인에 대한 책을 펴낸 참이었다. 요전번에는 다른 많은 행사 가운데서도, 의회를 방문하여 이 인물과 그의 전기 출간을 기념하는 모임에 참석하였다. 그 자리에는 전기 주인공의 부인과 아들이 나와 있었다. 나는 빈센트에게 그가 책을 쓸 정도로 관심을 기울이고 있던 이 인물에 대해 묻고 싶었지만, 시간이 없었다.

작은 도시인 메스터톤에 잠시 머물렀다. 길 양쪽에 늘어선 상점들의 처마를 호리호리한 기둥이 받치고 있다. 서부영화에 나오는 어느 동네에 들어선 느낌이었다.

빈센트의 집은 시골 평지에 자리하고 있었다. 멀리 2백 마리의 검고 하얀 소들이 보인다. 그 골짜기가 마음에 들었다. 은은한 색조. 지평선에 보이는 언덕들. 광활한 느낌. 농경지는 거의 없다. 목초가 무성한 낮은 담장의 땅들. 암소, 양. 두 군데 사슴 목장.

포도밭 가운데 있는 식당 마당에서 점심.

오후에는 덤불 숲 안에 있는 공원을 방문하다. 그런 일은 드물다는데, 뉴질랜드의 수수께끼 새 키위를 보았다. 날개가 없고 땅을 팔 수 있는 긴 부리를 가진 이 새는 밤에만 나타난다. 암탉보다 조금 더 작은데도 달걀의 두 배나 되는 알을 낳는다. 모든 포식동물의 손쉬운 먹잇감이어서 멸종 위험에 처해있다고 한다.

빈센트는 크리스마스 전에 한 번 도쿄에 들른 적이 있다고 한다. 6년 전 우리 역시 그 무렵에 같은 도시에 있었는데,

우리가 느꼈던 것처럼 그 역시 산타클로스들을 보고 놀랐던 모양이다. 상업적 이유, 그리고 어디서나 보이는 세계화라는 것 때문이리라. 길모퉁이에 서있는 산타, 백화점 입구에 서있는 산타……. 그런데 그가 정말 놀란 것은 십자가를 진 산타클로스를 보았을 때였다. 그리스도 대신 산타클로스가 십자가를 지다니. 어떤 전통을 이 나라에서 저 나라로, 이 문화에서 저 문화로 옮겨보려는 시도가 얼마나 무의미한가를 이 어이없는 모습이 보여준다. 그것은 도착지에 이르면 원래의 의미를 잃어버리는 것이다.

10년 전 파리에서 열렸던 보들레르 전시회 카탈로그를 빈센트가 빌려주었다. 저녁 무렵 거기 빠져들기 시작한 나는 시간 가는 줄을 몰랐다. 내가 알지 못했던 보들레르의 초상화들. 그가 살던 무렵의 파리 풍경들. 그가 알고 지내던 사람들의 초상화. 그의 데생 중 일부를 복사한 것들. 그가 살았던 곳을 가리키는 문자와 숫자가 들어 있는 파리 지도. 주소가 40개라니! 파리에 대한 그의 사랑, 그의 증오. 오래전에 읽었지만, 이제 내 것이 된 시선으로 다시 읽고 이해하면 많은 것을 얻게 될 그의 작품. 그것을 다시 펴들고 싶은 강한 욕구를 느낀다.

12월 10일

요전 날 이웃집 담장을 칠하고 있던 얼굴문신 마오리인은 12년 동안 '블랙 파워'라고 하는 갱단 단원이었다고 한다. 경쟁 관계에 있는 갱단과 난투극이 벌어졌을 때 그는 자기 곁에서 형이 죽어가는 것을 보았다. 감옥에서 몇 년을 보낸 후 개과천선한 그는 지금은 막노동으로 살고 있다. 나이가 서른여덟인데 스무 살 된 딸이 있다. 열두 살 때부터 혼자 버려져 있던 딸은 마약에 빠져들며 비행소녀가 되었다. 그러나 뭔지 모를 만남을 통해, 우연한 상황, 우연한 깨달음을 통해 그녀는 삶을 바꾸고 경찰 학교에 들어가기를 선택하였다.

며칠 전 이 '블랙 파워'라는 갱단이 다시 신문에 등장했다. 무장강도질을 하다가 사람을 죽인 것이다.

그 사람을 처음 보았을 때 내가 느꼈던 인상을 다시 생각해보았다. 18세기 항해자들이 마오리족을 처음 보았을 때, 문신을 한 그들의 몸과 얼굴 앞에서 얼마나 얼이 빠졌겠는가. 물론 다른 많은 일들은 더 말할 필요도 없지만 말이다.

12월 12일

여름날인 이즈음 길에 나서면 내 시선은 지칠 줄 모른 채, 스웨터로 그 굴곡이 더 두드러져 보이는 멋진 가슴들을 향하고 있다.

12월 13일

아스토리아에서 뜻밖에 한 쌍의 부부를 만나 즐거운 시간을 보냄. 남자는 빅토리아 대학에서 종교사를 강의하고, 여자는 캐서린 맨스필드의 생가 사무실에서 근무하고 있다. 한 시간쯤 풍성한 대화를 나눴다. 질문에 답하는 가운데 내가 생각하는 것, 내 삶을 채우고 있는 것을 간략하게 설명할 수 있었다. 자기가 이해시키려 하는 것을 상대가 금방 알아들을 때, 언어의 부족은 대화에 전혀 장애가 되지 않는다. 내가 늘 생각하는 것을 누군가와 이야기할 기회가 아주 드물었기 때문에, 함께 대화할 수 있었던 것이 아주 행복하다고 느끼며 헤어졌다. 내가 잘 모르는, 혹은 거의 모르는 사람들과 함께 있을 때 그들이 내게 질문을 하면 나는 기꺼이 답변을 한다. 그러나 아무런 질문이 없으면 나는 좀처럼 침묵에서 빠져나오질 못하는 것이다.

나를 알고 싶어하는 사람들이 나를 저녁에 초대할 때가 있다. 그러나 식사를 하는 도중, 어떤 질문도 없고 대화도 이어지지 않는 경우가 있다. 결국 아무런 일도 없고 지루하기 짝이 없게 되며 헤어질 때면 그들도 나도 적잖이 실망하는 것이다.

12월 14일

이 전원주택은 정신이 이상한 어떤 러시아 노파가 살고 있던 것을 수리한 것이다. 길에 서서 건너편 쪽으로 지나가는 사람들을 소리쳐 불렀다고 한다. 우리가 잠자는 방이 바로 그녀가 숨진 곳이다. 아직도 그녀의 망령이 여기 살고 있는지는 알 수 없었다.

한국의 전함 두 척, 구축함과 기뢰제거용 소해정이 웰링턴 항구에 정박 중이었다. 근처 둑을 따라 산책을 하다 보니 배를 구경해도 된다고 한다. 갑판 위로 올라가서 삼십 분 넘게 좁은 통로를 다녀보고 사다리를 오르내려 본다. 사실은 내가 예상했던 것처럼, 안으로 들어가서는 안 되고 그다지 볼만한 것도 없었다. 그래도 조종실은 들어가 볼 수 있었는데 지저분한 곳 하나 없이 깨끗하다. 선교 위에는 합성섬유로 된 굵직한 흰 밧줄이 정성스럽게 잘 놓여 있다. 보초를 서고 있는 해군과 몇 마디 이야기를 주고받았는데, 나만큼이나 서툰 영어를 몇 마디 하는 정도였다. 이곳에 사흘을 머문다고 한다. 그런 뒤 남태평양의 다른 섬들을 방문할 참이라고 한다.

한국에 갔을 때 시골 사람들의 생활이 몹시 어려운 것을 보았다. 배를 보고 다니는 동안 이 두 척의 배에 투입된 수십억의 돈이 달리 더 나은 용도로 쓰일 수도 있었으리라는 생각이 들었다. 그러나 그런 생각을 한들 무엇하랴? 사람들이 바뀌기를 기대할 수는 없다. 언제라도 터질 가능성이 있는 분쟁에 대비하느라—남한이 북한을 두려워할 이유야 분명하다—막대한 금액을 쏟아 군대를 유지하고, 더욱 파괴력이 큰 무기를 만들 수밖에 없는 것이다.

테 파파 박물관에는 바비쉬 오형제의 역사를 기록한 글과 사진이 있다. 턱수염이 덥수룩한 시골사람들의 무뚝뚝한 모습. 다섯 사람 모두 외출복을 입고 있는데, 평소 양복 입어 본 적이 없는 사람들인 것을 느낄 수 있다. 맏이 혼자서 크로아티아를 떠나 이곳에 왔고 이어서 네 형제가 그를 찾아왔다. 처음에는 카우리 소나무 수지를 채취하는 일을 했는데, 갖가지 역경을 넘어야 했다. 크로아티아인들을 상대로 차별적 조처들이 취해졌고, 게다가 제일 좋은 지역은 영국인들이 자기들 몫으로 차지하고 있었다.

1897년과 1919년 사이 5천 명 정도의 달마치아인*들이 뉴질랜드로 이주해 온 것은 참혹한 삶을 더 이상 견딜 수 없는 데다, 오스트리아-헝가리 제국의 병사로도 받아주지 않았기 때문이다.

바비쉬 형제의 차남은 결혼하여 다섯 아이를 두었는데 이들은 나중에 중요한 포도주 생산자가 되었다. 최근 사진에는 나이 든 여인이 두 아들과 딸 하나를 옆에 두고 있다. 두 남자와 이 여인의 얼굴 표정만 봐도 이 가족이 어떤 길을 거쳐 왔는지 알 수 있었다.

12월 15일

이곳에 머무른 지 얼마 안 됐을 때, 멀지 않은 가로숫길 가에 헝가리 출신 이민자들을 기리는 광장이 있어서 놀랐었다.

둥그런 모양의 광장은 잔디와 장미화단을 둘러놓았다. 바닥에는 갈색 벽돌이 깔려 있는데, 그중 몇 개의 돌 위에는 이민자의 이름과 출생지가 새겨져 있었다. 광장 중앙에는 하얀 로렌 십자가와 토템을 올려놓은 바위가 있다. 입구에는 주랑현관이 서있는데 왼쪽으로는 작은 문이, 오른쪽에는 그보다 세 배쯤 큰 출입구가 있다. 현관 가장자리는 조각이 되

---

* 현재 크로아티아의 아드리아해 연안 지방 주민들을 가리킨다.

어 있다.

나는 여러 차례 이 광장에서 발걸음을 멈추고 벽돌 위에 새겨진 이름들을 하나씩 읽으며 그들의 삶이 어떤 것이었을까 상상해보았다.

용광로 뉴질랜드. 전 세계 다섯 대륙에서 온 남자들과 여자들이 이곳에 닻을 내렸다. 처음에는 잉글랜드인과 스코틀랜드인들이. 조금 더 적은 수지만 아일랜드인들이. 그리고 크로아티아인, 스칸디나비아인, 유대인, 체코인, 우크라이나인, 헝가리인, 폴란드인, 러시아인, 네덜란드인, 레바논인, 그리스인, 키프로스인, 인도인, 태국인, 말레이시아인, 필리핀인, 한국인, 일본인……. 그런 뒤 다시 인도차이나의 난민들이 베트남, 캄보디아에서 건너왔다.

몇 년 전 웰링턴에서 유행하던 농담이 있었다. 누군가 밤에 아프면 의사가 환자 있는 곳으로 이동하기가 거의 불가능했던지라, 환자는 택시를 불러 타고 올 수 있도록 법령을 정했다. 그런데 수많은 택시기사가 베트남 의사들이었다는 것이다.

몇 해 전부터는 폴리네시아에서 이민자들이 오고 있는데 적잖은 문제를 일으킨다고 한다. 언어를 모르고 직업도 없으며 강제라는 것을 모르고 살아온지라 상당수가 범죄의 세계로 빠져드는 모양이다.

이런 혼종의 사회에서는 사회적 장벽이라는 것이 있을 수 없다. 물론 세상 어디나 그렇듯 여기도 부유한 자들과 가난한 자들이 있다. 그러나 서로 다른 공동체들이 함께 어울리고 심지어 섞이며 살아가지 않을 수가 없는 것이다. 사람 관계에서 형식을 중시하는 태도를 좀체 찾아볼 수 없는 이유 중 하나도 아마 그것이리라. 접촉은 쉽고도 단순하며 친밀하고 격의가 없다. 여기 도착하여 놀라운 점이 바로 그것이었는데, 내 마음에 썩 들었다.

서점에서 인도의 위대한 현자 중 하나인 스리 라마나 마하리쉬의 사진첩을 뒤적이는 즐거움을 맛보았다. 그는 남부의 사막지방, 풀 한 포기 자라지 않는 언덕 밑에서 살았다. 사타구니를 가리는 하얀 천 말고는 아무 것도 걸치지 않고 살아간 기이한 사람. 언젠가 읽은 기억으로는 몇 해 동안 단 한 마디도 하지 않은 채 명상에 잠겨 살았었다고 한다. 아마 무슨 기록을 써서 남긴 것도 없을 것이다. 사람들이 질문을 하면 지극히 단순한 말들로 답하면서 가르침을 주었다. 그는 어떤 교육도 받은 바가 없고 무슨 책을 읽은 바도 없다. 그가 이야기하는 모든 것은 그 자신의 내면에서 길어온 것이다.

그에 관해 쓴 책이 있다는 것을 기억하고 있었는데, 나중에야 읽게 되었다. 그 안에는 물론 그가 한 이야기도 일부 들어있었다. 인도나 중국, 일본에서 온 여러 책들 중에 내가 관심을 기울여 읽은 최초의 책이었다. '진아(眞我, Soi)'의 개념에 눈을 뜨게 해준 그 덕분에 나는 내가 향해 가고 있던 것이 무엇인지를 더 분명히 알 수 있게 되었다.

12월 16일

오후를 피오나 키드먼 집에서 보내다. 빅토리아 산 정상

부근에 있었다. 집 아래쪽에 차를 세워놓고 계단을 한참 올라 안으로 들어갈 수도 있었지만, 제인 앤더슨과 우리 부부는 승강기를 타고 올라가는 것이 더 즐거웠다. 미끄러운 조그만 승강장이 언덕 경사면 레일에 마련되어 있고 쇠줄로 승강기를 끌어올리는 것이다. 집에 들어서면 눈앞에 여러 가지 아름다운 풍경이 한눈에 펼쳐진다. 왼쪽에는 곶과 언덕들, 집들이 보이고, 오른쪽으로는 태평양이 눈에 들어온다. 착륙지점에 가까워진 비행기들이 집 위 그리 멀지 않은 지점을 지나가는데 소리는 전혀 들리지 않았다.

피오나 키드먼 여사는 많은 작품을 쓴 작가다. 단편, 장편소설들, 수필, 네 권의 시집. 그러나 그녀가 선호하는 것은 단편소설이다. 언젠가는 아마 자서전을 쓸 것이라고 한다. 자기 아버지에 대해 밝혀야 할 것들이 있는데, 아직은 더 기다리는 중이라고 했다.

스코틀랜드 이민자의 후예인 그녀는 마오리 혈통이 섞인 남편을 두고 있다. 그리스계 아들을 입양했는데, 그 아들 역시 마오리 혈통을 가진 여성과 결혼하였다고 한다(지금은 혼혈이 아주 많아서 순수 마오리인은 얼마 되지 않는다). 그리고 손자인지 손녀인지는 스페인인을 배우자로 맞았다.

예전과 달리 이즈음에는, 다른 작가를 만날 때 그가 어떻게 글을 쓰는지를 알고 싶은 강한 욕구가 일지 않는다. 질문하는 순간에도 무슨 답이 나올지를 미리 짐작할 수 있는 경우가 허다해졌다. 그녀와 함께 이야기를 나눈 세 시간 동안 나는 조금도 실망하지 않았다. 그러나 그녀를 떠나면서 언젠가 읽은 적 있는 일화를 생각하게 되었다. 두 사람의 선승이 길에서 서로 만나게 되었다. 그들은 빙그레 미소만 짓고 서로 인사한 뒤 각기 제 갈 길을 갔다는 것이다. 아무런 이야기도 나누지 않고서. 상대가 무슨 이야기를 하려 했을지 이미 서로 알고 있었던 것이다.

며칠 전 카버*의 전기를 읽다 보니, 그는 다른 작가들, 예를 들어 리처드 포드나 토비아스 울프를 만날 때는 문학 이야기를 하지 않았다고 한다. 이전에 이 글을 읽었다면 동의하기 어려웠으리라. 그러나 지금은 그를 이해할 수 있다.

12월 18일

시립미술관에서 본 빔 벤더스** 전시회는 훌륭하였다. 대형 천연색 사진들. 호주와 미국의 장대한 풍경. 황량한 풍경들도 있었다. 버려진 인디언 묘지. 아마 영양실조 때문인 듯 가늘게 휘어진 다리로 하바나의 인적 드문 긴 거리에서 야구놀이를 하고 있는 어린아이. 몬타나의 텅 빈 마을에 있는 아무도 살지 않는 집…….

전시회를 보는 동안, 사진작가이자 영화감독인 이 사람에게는 정말 보는 눈이 있다는 생각으로 머리를 끄덕이게 되었다. (이 사실을 처음 알게 된 것은 아니다. 나는 이미 그가 만든 초기 영화들을 보았던 터다.)

---

* Raymond Carver(1933~1988). 20세기 후반 미국의 영향력 있는 단편소설가 중 하나.

** Wim Wenders(1945~). 독일 출신 영화감독. 〈베를린 천사의 시〉, 〈파리 텍사스〉, 〈부에나비스타 소셜클럽〉 등의 작품을 감독했다.

12월 19일

오늘 아침에는 국립도서관에서 캐서린 맨스필드의 원고를 볼 수 있었다. 남편에게 쓴 편지 묶음, 편지의 필적으로 봐서 떠오르는 대로 바로 쓴 것임을 알 수 있다. 커다란 종이에 정성스럽게 쓴 장문의 편지는 평안한 상태에서 적은 것이 분명하다. 그러나 대부분의 경우, 격정적이고 충동적이며 알아보기 어려운 필체여서 감정의 굴곡을 반영하고 있었다. 공책에서 뜯어낸 몇 장의 종이에 쓴 편지. 이다 베이커에게 보낸 편지들 묶음. 타자로 쳐둔 상태지만 원래는 육필로 보낸 편지들이다.

편지 내용은 너무나 정확하고 완벽해서 공들여 다듬은 글로 보이지만, 천만에. 떠오르는 그대로 적은 편지들일 뿐!

많이도 썼다. 빈센트 설리번이 편집한 것만도 벌써 네 권이고—오늘 아침 그것을 뒤적여 볼 수 있었다—다섯 권째가 준비 중이다. 이 《서한집》에 더해 두 권의 메모집도 발간되었다.

그 두 권도 읽어볼 수가 있었는데, 한 권은 단편소설들의 시작부분이었고, 다른 한 권에는 1918년에 쓴 일기가 들어 있었다. 어느 부분인가는 두 쪽이 뜯겨 있다. 4월 3일 자에는 이렇게 적고 있다. "너무 아프다."

남편 제이 엠 머리가 쓴 수많은 편지도 이것저것 보았다. 그의 멋진 글씨체는 아내의 것과 대조적이었다.

제인 멘더가 쓴 글을 묶은 것도 보았다. 직접 쓴 편지는 한 통뿐. 다른 편지나 기사들은 타자로 쳐서 직접 서명한 것이다.

이곳에서는 수고를 보려면 엄격한 규정에 따라야 한다. 독일 마바흐에서는 귀중한 원고들이 보관된 방에 나 혼자 그냥 두었었다. 그래서 릴케의 시, 카프카가 아버지에게 쓴 편지, 괴테의 엽서 등, 나 보고 싶은 대로 모두 볼 수 있었다.

보리스 시륄닉*이 인터뷰 중에 마를린 먼로에 대한 이야기를 했다. 사생아였던 그녀는 어른이 되어서도 결코 탄력적인 인격을 가질 수가 없었다. "그녀 주변에 있던 사람들(아서 밀러, 존 케네디, 이브 몽탕……)은 그녀에게 서려 있는 기이한 우아함에 매혹되었지만, 그녀가 사실은 '허깨비'라는 것, 내면의 구조도 없고 인간적 따스함도 박탈된 사람이라는 것을 알지 못했다. 어린 시절 사랑을 모르고 자란 그녀는 그것을 남에게 주는 법도 몰랐던 것이다."

엠마우스에서 만난 제자들이 그리스도를 알아보지 못한 채 그분에게 했던 말.

"날이 저무니, 우리와 함께 계시지요……."

왜 이토록 단순한 말이 그토록 내 마음을 흔들었을까?

---

* Boris Cyrulnik(1937~). 프랑스 정신의학자, 인성학(人性學) 연구자. 고통의 체험을 극복하는 '탄력적 인격'에 관심을 기울이고, 비폭력과 평화의 문화를 창달하는 작업에 기여했다.

12월 20일

장 마르크와 함께 집에서 조용한 시간을 보내며 이런저런 이야기를 하였다.

프랑스 대사관 문화부의 언어 및 영상음반 담당자인 그는 여기 온 지 3년 반이 되었는데 개인 사정으로 곧 귀국할 예정이다. 여섯 달 전부터 문화담당 참사관 일도 겸하고 있었다. 그를 알고 있던 사람들이 다 그렇듯 나도 그가 아쉬워질 것이다.

경비 절감을 위하여 정부에서는 대사관에 있는 여러 직책들을 없애버렸다. 여기는 학술담당 참사관도 문화담당 참사관도 없게 된다. 대사관에서 문화담당 부서의 역할이 어떤 것인가를 알게 되면, 이런 직책들을 없애는 것이 많은 나라에서 얼마나 프랑스의 존재감을 손상시킬지 충분히 짐작할 수 있다.

흐린 하늘 밑
오랜 방황은 이제 끝
늘 나의 패배로 끝나던
조작된 결투도 이젠 끝
거절당하는 비참 속에
자리 잡은 시간도 끝
내 삶을 그늘지게 하던
저 죽은 무게를 나 내려놓았네
내 유년을 빠져나오는
그 길

멀고도 멀었다네

생각이 자신을 어찌 표현할지 몰라 머뭇거리는 순간이 나는 좋다. 생각은 언어를 반죽하고 늘이며 분명하게 하고 어느 구석을 붙잡을지 모색하며, 그때 다가오는 단어들을, 꼭 그것은 아니라는 걸 알면서도, 받아들인다. 적어도 그 말들은 최초의 어림짐작이며, 비로소 형태를 갖기 시작하는 이 무형의 것의 첫 윤곽이다. 그런 뒤에는 더 명료하게 하고, 밀도 있게 하며, 정교하게 다듬어야 한다. 그런 뒤 찾고 있던 형태가 발견되면, 표현을 얻게 된 구절들을 머릿속으로 되뇌어본다. 그리듬이 적절하다 여겨지면 작업이 끝나는 것이다. 동일한 작업이 다시 시작되기까지. 비슷하면서도 또 다른 작업.

미국에서 시작된 모양인데 널리 퍼져갔으면 싶은 일이 하나 있다. 누군가가 자기가 좋아하는 책을 봉투에 담아 그 위에 이렇게 적는다. 이 책은 읽고 싶은 사람이 일정 기간 가질 수 있다고. 그 대신 그 사람 역시 다 읽고 나면 마찬가지로 하여 책을 계속 여행하게 하는 것이다. 그리하여 봉투는 버스에, 기차에, 다른 공공장소에 계속 놓이게 된다.

그러나 난 좀 회의적이다. 이 여행은 시작되자마자 금방 끝나리라는 것을 쉬 예상할 수 있다. 사실 이 봉투는 책을 사랑하고 또 그것을 자기 소유로 만들지 않을 만큼 정직한 사람 손에 들어가기보다는, 자기가 가져버리거나 혹은 내버릴 사람 손에 들어갈 가능성이 더 높은 것이다.

내 책《맞이하기》에 관해 쓴 어떤 기사에 답하기 위해 앞서 출간된《일기》에 적은 것이지만, 스리 라마나 마하리쉬를 소개한 어떤 글에서 처음으로 '진아'란 단어, '진아'라는 개념을 접했다. 그것을 내가 기억하는 것은, 아마도 내가 발견한 그 개념이 어떤 기다림에 응답하는 것이었으며, 내 안에서 체험하고 있던 것과 적절하게 맞아들어갔기 때문이리라. 하지만 오랫동안 그에 대해 막연한 생각밖에 할 수 없어서, 누가 물어도 명료하게 말할 수 없었으리라. 그것을 이해할 수 있게 된 것은 지성의 사유를 통해서가 아니라, 무사유의 사유, 다시 말해 모든 기대, 모든 개념, 모든 통제에서 자유로워진, 직관적 사유를 통해서였다. 내면에서 이 개념을 만나게 된 나의 생체험은 너무 강하게 억압된 영역에 자리하고 있었기 때문에 당시에는 그것을 분명하게 의식할 수도, 언어로 표현할 수도 없었다.

마하리쉬를 다룬 글을 읽다가 만나게 된 구절은 그 뒤로 결코 잊을 수 없었다.

"진아를 찾아가는 진정한 목적은 정신을 온전히 그 근원으로 향하게 하는 것이다."

베단타*에는 일종의 연도(連禱)가 진아에 바쳐지고 있는데, 거기서 두 번째로 이 단어를 만나게 되었다.

"나는 완벽한 의식이며 축복이다

나는 모든 것을 다 채우고 있는 진아이다

---

* Vedanta. 고대 인도경전 베다의 마지막 부분을 가리킨다.

나는 진아이며 모든 것이 그것으로 채워져 있다."

국립도서관에서 열리는 전시회는 1939년부터 1945년까지의 제2차 세계대전이 발발할 때, 나이가 서른 무렵이던 다섯 명의 뉴질랜드인을 주제로 하고 있다.

다섯 사람 모두 오타고 대학에서 같은 교수를 모시고 공부하였다. 그분에게서 배운 사상은 그들 모두를 파시즘에 맞서 싸우기를 각오한 신념의 인간으로 만들었다. 재능 있고 총명하던 이들 다섯 학생은 모두 다 로데스 장학재단에 선발된 학생들이었다. 옥스퍼드에서 다시 만난 그들은 공부를 마치고 현실참여의 길로 접어들었다. 누구는 스페인으로 누구는 체코슬로바키아로, 소련으로, 그리고 일본에 맞선 중국으로 떠난 것이다. 그들 모두가 다 예외적인 운명을 살았다. (공산주의에 희망을 가질 수 있었던 그 시기, 그들 중 한 사람은 소련을 위한 스파이가 되기도 했다. 전쟁이 끝난 뒤 그는 공산권의 한 도시에서 비참한 삶을 살았다.)

존 멀건—빈센트 오설리번이 쓴 책은 그에게 바쳐진 것이다—도 그중 한 사람이다. 학업에도 스포츠에도 인간관계에도 빼어난 사람. 행동과 함께 성찰도 깊게 한 이. 그럼에도 불구하고 비극적이었던 인간. 그는 소설을 한 권 남겼다.

1943년, 저항운동을 조직하기 위해 대령 계급의 그가 낙하산으로 그리스에 투입된다. 그는 빨치산들과 함께 전투를 수행하였는데, 그때 목격했던 잔혹한 일들이 평생 그의 삶에 각인되었다.

1945년, 그는 다시 카이로에 나타난다. 결과적으로 민간인들에 대한 가혹한 탄압으로 밝혀진 일에 자신이 협력을 지시했다는 사실로 그는 죄책감에 시달렸다. 그는 또 세계 정세의 전개에 깊은 실망과 좌절을 느꼈다. 자기가 싸웠던 것은 자유롭고 평화로운 세상을 이루기 위해서였는데, 세계는 두 개의 진영으로 나뉘고 그가 보기에 두 세계의 충돌은 쉽게 예견할 수 있는 일이었다. 종전이 선언되기 10여 일 전 그는 스스로 죽음을 택했다. 그의 나이 서른넷.

12월 21~22일, 제루살렘

최초의 프랑스 선교사들이 자리 잡은 곳은 이곳 산골짜기, 왕가누이에서 멀지 않은 깎아지른 계곡이었다. 오랫동안 가까이 갈 수 있는 도로가 없어서, 사흘간 배를 타고 강으로 들어가는 수밖에 없었다. 지금도 마지막 20여 킬로미터의 길은 비포장이다.

마을이랄 수도 없다. 그저 건물 세 채가 덩그라니 서있는데, 별다른 방법을 쓰지 않고 확장해 놓았으며, 교회 한 채가 있고, 마오리인들의 집이 자연 속에 여기저기 흩어져 있다.

쉬잔 오베르는 여기서 여러 해를 살았다. 전기를 쓰기 위해 그녀의 자취를 찾아다니던 제시가 몇 차례 이곳을 찾게 되었다. 이 지역이 마음에 든 데다, 여기 사는 세 분의 수녀를 좋아하던 그녀가 기어이 우리를 그분들과 만나게 해준 것이다. 함께 동행한 미레이유는 초행길이 아니었다.

돌아오는 길에 왕가누이에 들르다. 강 초입에 건설된 도시. 흥미로운 박물관. 길다란 전투용 카누, 양 옆에는 공들여

새긴 뱃머리 형상이 보인다. 어살, 통발 따위 낚시도구들은 빼어난 지혜를 증명해 보이고 있었다.

이 박물관은 꽤 높은 곳에 위치해 있는데—어찌 보면 기분 좋은 장소이기도 하다—생각있는 사람들은 고개를 갸웃하게 되었다. 그런 자리에 굽어보듯 버티고 있는 것은 낯 뜨거운 엘리트주의 아닌가? 막대한 경비가 들어갈 큰 공사를 통해 이 건물의 위치를 낮은 곳으로 옮길 참인 모양이다. 양식(良識)을 잃게 되면, 아무리 멋진 착상도 괴이한 결정을 내리게 할 수 있는 것이다.

우리가 들른 곳에서는 영토 분쟁 당시 치열한 전투가 벌어졌다고 한다.

오늘 아침 막 눈을 뜨자 모든 사람이 지진을 느낄 수 있었다.

제임스 벡스터*에게는 추종자들이 있었는데, 그가 이곳에 세운 공동체는 그의 사후인 1972년에 해체되었다. 그는 신비가로서—마약을 하고 이런저런 관례와 단절된 삶을 살았다—계시를 받은 모양이며, 훌륭한 시들을 남겼다. 몇 편을 번역해 달라고 하여 그가 쓴 시들의 가치가 어느 정도인지 가늠해 볼 참이다.

글을 쓸 때 자리 잡고 있는 위치에서 보면 밤나무 한 그루, 호두나무 한 그루, 이탈리아 포플러들이 보이는데, 거기에다 무화과나무와 종려나무들, 레몬이 가득 달린 레몬나무도

---

* James Baxter(1926~1972). 뉴질랜드 시인, 극작가. '자연적' 가치를 추구하는 세대에게 깊은 영향을 주었고, 생애 말년을 마오리족 공동체에서 살았다.

보여서 나는 놀라게 된다. 따지고 보면 이 두 종류의 나무는 서로 다른 기후에서 자라기 때문이다.

오전 끝 무렵에 자동차를 타고 돌길을 지나 산 반대편, 쉬잔 오베르가 과수원을 일군 곳으로 갔다.

능선을 오를 때 보니 화산 두 곳의 정상에 눈이 쌓여 있었다. 멀리 서쪽으로 보이는 산은 타라나키이고 동쪽 산은 루아페후인데 북쪽섬에서 가장 높은 이 산은 근 2천8백 미터에 달한다. 둘레가 3킬로미터에 이르는 분화구는 몇 개의 봉우리로 이루어져 있다. 여섯 개의 작은 빙하와 산성을 띤 물이 계속 끓어오르는 호수가 있다. 1875년에 마지막 폭발이 있었다고 한다.

우리는 고사목들이 어우러져 있는 곳까지 내려갔다. 죽은 벚나무들이 아직 서있는데, 둥치와 가지에 섬유모양 이끼가 무성하였다. 그리고 가지 전체와 뿌리 일부를 그대로 간직한 몇 그루 커다란 밤나무들이 풀밭에 누워 있는데 빗물과 햇빛, 계절이 오가는 동안 닳고 닳아, 흐릿한 흰색으로 빛나고 있었다. 죽은 나무들을 보고 있노라니 마음이 불편해진다.

다시 올라가는 동안 50대의 수녀인 쉬와 이야기를 나누었다. 멋지고 풍요로운 개성을 가진 사람. (간호원으로 일할 때 병원 위계질서를 무시하고 에이즈 환자들을 돌보기도 했다고 한다.) 그녀는 시를 사랑한다.

아주 특별한 순간, 나는 깜짝 놀랐다. 세월이 쓰러뜨린 밤나무들에서 멀지 않은 곳에서 이 뉴질랜드 수녀가 좋아하는 시인들 이야기를 하며 딜런 토마스를 언급하는 순간, 우리 머리 위 저쪽 능선에서 열두어 마리 암사슴이 놀란 눈으로 우

리를 바라보고 있었던 것이다. 호기심으로 꼼짝 않은 채.

12월 23일

그는 그 겨울들, 그 눈, 그 시간들에 대해 힘든 기억을 가지고 있다. 추위가 얼굴을 두 손을 그리고 짧은 바지 때문에 미처 보호되지 않은 두 다리를 할퀴었다. 그 겨울에 나무창 가죽신, 혹은 나막신을 신었는지 여부도 이제 기억이 없다. 아, 아니다, 기억에 떠오르는 장면들이 있다, 그건 나막신이다. 아니, 나무로만 만들어 발목에 상처를 내는 그 브레스 지방 나막신 말고, 가죽 띠에 돋을새김 문양이 들어 있던 나막신 말이다. 정말이지 예쁜 나막신이었다.

개수대 옆, 부엌에서 제일 어두운 구석에 있던 좁은 시렁을 아이는 미리 치워둔 터였다. 그리고 한참 전에 미리 준비해둔 포장용 종이로 열심히 동굴을 만들었다. 그런 뒤 이끼를 깔고, 당나귀, 소, 양을 갖다 놓은 뒤, 아주 조심스럽게, 몇 자락 밀짚 위에 잠들어 있는 어린 예수를 동굴 안으로 밀어 넣었다. 저녁에 나막신을 시렁 밑에 넣어둔 아이는 잠들기 전 자기가 알고 있는 모든 기도문을 다 외웠다.

아침이 되어 식구들 중 제일 먼저 눈을 뜬 아이는 나막신 한쪽에 세 개의 과자봉지가, 또 하나에는 귤이 한 개 들어 있는 것을 본다.

그 귤은 얼마나 예뻤던지, 그리고 얼마나 향기로웠던지, 아이는 그것을 그대로 먹어버리면 안 되겠다는 것을 금방 안다. 아이는 그 순간부터 줄곧 귤을 지니고 다닌다. 잠들기 전

침대에서는 귤을 손에 쥔 채 목에 꼭 대고 있었다. 학교에 갈 때는 겉옷 호주머니에 귤을 집어넣고서 길을 가며 그것을 꺼내 들여다보았다. 검은 천 안에 들어 있는 그것은 장작이 다 타고 난 후에 벽난로에서 반짝이고 있는 잉걸불을 떠올리게 했다.

처음에 아이는 손톱으로 껍질에 상처를 내서 두 눈을 감고 그 향기를 들이마셨다. 그러다가 곧 자기 행동을 후회하고는 귤을 상하게 해서는 안 된다는 것을 깨닫는다. 그저 그 둥근 모습을 얼이 빠져 바라보고, 어루만지고, 손바닥에 올려놓는 것으로 만족하는 것이다.

아이가 항상 귤을 들고 다니는 것을 본 다른 사람들이 놀려댔다. 하지만 아이는 아무런 대답도 하지 않는다. 아이는 사람들이 추위에 떨지도 않고 태양이 수천 개의 귤을 열게 하는 저 먼 나라들을 꿈꾸고 있었다.

세 달 뒤, 귤이 마르고 딱딱해지자 아이는 그것을 먹기로 결심한다. 조심스레 껍질을 벗기고 어렵사리 귤 조각을 꺼낸 아이는 하얀 껍질 안에 과즙이 하나도 없는 것을 보고 놀란다. 아이는 주의를 기울여 귤 조각을 씹으면서, 손가락을 꼽으며 다음 크리스마스까지 몇 달이 남았는지를 계산해본다.

포후투카와 나무는 가지가 땅에서부터 펴져 가는데 그 수가 아주 많아서 잎새가 무성하다. 이 나무의 수가 많고 어디서나 쉽게 눈에 띄는 편이어서 크리스마스가 다가오면 진홍색 꽃이 가득 피는 것을 볼 수 있는데, 금년에는 꽃이 늦는 모양이다. 그래도 어떤 나무들은 더러 꽃을 피우고 있어서 볼 때마다 정말 기분이 좋아진다.

데본포트의 아름다운 거리에는 길 양쪽으로 이 나무들이 자라고 있다. 오클랜드에 있다면 페리를 타고 그것을 보러 갔으리라. 거기라면 지금 꽃이 한창일 것이기 때문이다. 좀 더 북쪽에 위치한 곳이라 기후가 여기보다 더 온화하다. 기꺼이 가볼 만한 장관을 이루고 있을 것이다.

여기 처음 온 개척민들 중에는 온갖 사람들이 다 있었다. 거친 고래사냥꾼, 도망 중인 선원들, 건달들, 때로는 전과자들, 호주에서 도망쳐온 도형수들, 몸 파는 여인들……. 그들 중 많은 이가 파란만장한 삶을 살았으리라는 것을 상상할 수 있다.

내가 금방 읽고 난 이야기. 베티 파커는 도형수의 딸인데 1830년에 호주에 도착했다. 그녀는 나이 열다섯에 제키 가드와 결혼했는데, 다른 죄수들과 함께 호주로 이송되어온 영국인 절도범이었다.

이 남자는 능력이 있어서, 고래고기와 고래기름을 취급하는 회사를 세워 사회적으로 크게 성공하였다.

베티는 백인 여성으로는 처음으로 남쪽섬에 간 사람이다.

그러던 어느 날 조난을 당해, 이들 부부와 아이 중 하나가 마오리족의 인질이 되었다. 제키는 탈출에 성공하여 아내와 아들을 구하러 호주를 거쳐 다시 돌아온다. 호주에서 무장한 사람들을 불러 모은 것이다. 그 결과 여러 명의 마오리족이 죽고 두 곳의 마을이 파괴되었다.

12월 24일

산드라 부부가 크리스마스 이브를 함께 지내자며 집으로 우리를 초대했다. 대사관에서 연수 중인 뤼시라는 처녀도 함께 왔다. 두 사람이 살고 있는 집은 특별한 방식으로 지은 멋진 건물이다. 언덕 허리께에 기둥을 박아 올린 집은 위로 들어가서 방으로 내려가는데, 두세 층으로 되어 있었다. 아주 넓은 거실은 커다란 창이 있어서 항구와 만, 언덕들이 한눈에 들어왔다.

산드라의 조상은 독일계 스위스인들과 스페인인들이다. 놀라운 여인이다. 수많은 것을 할 줄 알고 또 해왔는데, 그중에는 소형자동차 경주 같은 것도 있다.

만찬 자리에서 대화는 좀 활기가 없었다. 내 생각이 자주 다른 데 가 있는 것은 사실이다. 내가 딴생각을 하고 있다면 몇 시간 전에 읽은 글을 골똘히 되새기고 있는 중이기 때문이다.

오후에 대사관에 가서 잠시 책을 몇 권 뒤적였었다. 그러다가 클로드 비알라*의 도록을 보게 되었다. 복사된 그림들 말고도 그가 쓴 두 편의 좋은 시와, 한 이십 년 전쯤, 투우광고지 맨 위에 이름이 등장하던 투우사 빠코 오헤다의 글이 실려 있었다. 글이 준 충격 때문에 만찬을 하던 몇 시간 동안 줄곧 그 내용을 생각하고 있었다.

---

* Claude Viallat(1936~). 프랑스 님 출신의 화가. 서정적 추상이나 기하학적 추상을 비판하고, 액자 없는 화폭에 중립적인 형태를 압착하여 그려넣는 작업을 시도했으며 님에서 개최되는 투우경기의 포스터를 그리기도 했다.

빠코 오헤다는 진실한 언어로 쓴 이 글에서 우리의 내면 깊은 곳에 자리한 용광로에 대해 이야기했다. 그 불길 안에서 투우사는 작가와 마찬가지로, 단단하게 굳어있는 어떤 것을 부드럽고 말랑말랑하게 만들어야 한다. 투우 앞에서 펼치게 될 몸짓의 자유로움을 준비하기 위해서. 만들어질 문장의 출발점인 단어들이 뻣뻣하게 버티는 것을 풀어주기 위해서 말이다.

나는 몇 번이고 빠코 오헤다의 언어를 침묵하게 했다. 그리고 지금 내가 처한 상황의 놀라움을 의식하였다. 좀 더 주의를 기울인다면, 우리는 매 순간 자신이 놀랄 만한 것들을 체험하는 중임을 더 자주 느끼게 되리라고 생각했다. 나는 지금 전혀 모르던 세 사람과 함께, 내가 처음 찾게 된 어떤 집에서 크리스마스 만찬을 하고 있는 중이다……. 배가 도착하고 떠나는 것을 보고 있으며, 머릿속에는 몇 시간 전에 읽은 글귀들이 거듭 떠오르고 그 때문에 나는 자신이 서있는 시공간을 떠나 멀리 어딘가로 향하고 있다…….

들은 이야기 한 가지를 굳이 적어두고 싶다. 이 이야기는 최근 몇 달 동안 내가 뉴질랜드인들을 만날 때 여러 번 경험했던 것으로서 그들이 가진 타인에 대한 배려를 증명해 보인다. 산드라는 여섯 살배기 딸을 어떤 학교에 보내고 싶어 미리 인터넷으로 연락을 취했다. 아이를 맡게 된 담임선생님은 아이가 오기 전 미리 자기 반 어린 학생들에게 몇 마디 프랑스어를 가르쳐두었다고 한다. 행여 아이가 낯설고 막막하게 느끼지 않도록 말이다.

산드라가 우리를 자동차로 데려다 주었다. 작별 인사를

하면서 내 책을 몇 권 읽었으며 그중《눈뜰 무렵》은 여고시절에 보았다는 말을 했다. 그 뒤에 이어진 대화는 최초의 진정한 만남이라고 할 수 있었다. 우리는 길에 서있었고 새벽 한 시였는데 내게는 그 순간이 크리스마스 만찬의 밤 중 제일 좋았다.

12월 25일

태양과 바람. 점점 여름으로 가는 중이다. 이런 날이 어떻게 크리스마스라고 믿을 수 있겠는가? 어린 시절 내가 크리스마스에 대해 가지고 있던 기억과는 전혀 맞지 않는다.

레스토랑. 되는 대로 주는 음식. (요리사도 종업원들도 다 휴가다!) 쉰 살 정도 되는 우아한 여성, 생기 있고 반짝이는 시선을 한 그녀가 우리가 하는 이야기를 들었던 모양이다.

"오, 프랑스인이세요? 아이 러브 프랑스. 아이 러브 파리스……."

"프랑스를 아시나요?"

"예스…… 한 5년 거기 살았어요……."

"이런 것 물어봐도 괜찮으시다면, 혹시 뭘 하셨는데요?"

깔깔거리고 웃던 그녀는 장난스런 표정으로 묻는다.

"짧은 버전으로 할까요, 아니면 긴 버전?"

"긴 게 더 낫지요."

"암스테르담에서 춤을 배웠더랬어요. 파리에 도착하면서 혼자 생각했지요. 이 특별한 도시, 뭐 특별한 걸 하며 살아야 하지 않겠나. 내가 할 수 있는 게 뭐가 있을까? 혼자 생각하다가 떠오른 것이…… 카바레 댄서가 되는 것이었지요. 폴리-베르제르*로 갔는데, 미리 선약을 한 것이 아니어서, 안 들여보내 주더라구요. 용기를 내려고 술을 한 잔 했지요. 그리고 술김에, '예술감독 나 좀 보자!' 소리쳤더니, 들어오라대요. 그 사람한테 내가 그랬습니다. 난 다리는 멋진데 가슴이 없소. 그랬더니 내가 성전환한 사람이 아닌지 걱정하대요. 안심하랬더니 직접 보자는 거예요. 일어섰지요. 몇 걸음 걸어보라, 그 자리에서 돌아보라고 해요. 그러더니, 좋소, 내일 저녁부터 시작합시다, 그래요.

거기 2년 있었어요. 요컨대, 발가벗고 춤추는 처녀들 중 하나였다는 말이지요."

사라는 우리 테이블로 와서 함께 한잔하였는데, 이야기는 옆 테이블의 남녀와 함께 전혀 다른 주제로 나아갔다. 남자와 여자는 페탕크** 선수권 보유자들이었는데, 시합에 참가하러 한두 차례 프랑스에 온 적이 있다고 한다. 자리를 뜨기 전 남자가 나더러 일요일에 페탕크를 함께 하자며 어디로 오면 되는지를 종이 위에 대강 그려주었다. 두 손은 노동자의 손이었다. 그는 맥주를 병째 마시는데 한순간에 다 비우는 것이었다. 얼굴에는 그가 들이마신 것 전부가 흔적을 남기고 있었다.

---

* Folies Bergère. 19세기 말 파리에서 시작하여 지금까지 문을 열고 있는 유명한 뮤직홀. 식당 겸 술집으로서 춤, 음악, 연극 등의 공연을 곁들인 사교 공간이다.

** 주먹 크기의 쇠로 된 공으로 하는 일종의 프랑스식 구슬 던지기 놀이.

12월 26일

거센 바람. 크리스마스 선물의 날.* 온 나라가 들썩인다.

로랑스와 렌의 집에서 두 쌍의 부부를 만나다. 한 사람은 키프로스인인데 두 부모와 세 아이로 된 가족이 50년대에 이곳으로 이민 왔다고 한다. (그가 카잔차키스**와 세페리스***의 작품들을 알고 있다고 해서 반가웠다.) 또 한 사람은 영국인인데 조상이 영국, 스코틀랜드, 프랑스, 레바논 사람들이라고 한다. 부인의 조상은 스코틀랜드와 웨일스 쪽이다. 이 부부의 두 아들은 서로 다른 다섯 나라 출신 남녀의 후손인 셈이다. 그러니 단절과 혼합으로 이루어진 역사를 가진 이곳 뉴질랜드인들에게, 과거 지향적인 성향이 없다는 것이 이해된다.

정보국 관리인 이 영국인은 문학에 열정이 있어서 직접 글을 쓰기도 한다. 오직 자기 자신만을 위해서, 성찰의 글이나 단편소설을 쓴다. 아침에 일어나면 종이를 한 장 집어 들고 잠자는 동안 자기 안에서 끓고 있던 것을 쏟아내야 한다. 작가의 작업에 대해, 글을 쓰면서 만나는 문제들에 대해 이야기하고 싶었던 모양인데, 우리 사이 언어의 장벽이 그것을 어

---

* Boxing day. 영연방 일부 국가에서 크리스마스가 지나고 비교적 어려운 처지의 사람들에게 선물하는 날. 상점들은 연말까지 크리스마스 재고품들을 할인 처분한다.

** Nikos Kazantzákis(1883~1957). 그리스 작가, 언론인. 기독교인이면서도 불교와 마르크스주의의 영향을 수용한 사상가. 《그리스인 조르바》 등, 여러 장르에 걸쳐 많은 작품을 남기고 동시대 및 후대 사람들에게 깊은 영향을 미쳤다

*** George Seféris(1900~1971). 그리스 외교관, 시인, 노벨문학상 수상자. 자신의 체험을 역사 및 신화와 엮어 변하지 않는 인간성을 형상화하려 했다.

렵게 했다.

낮에 글을 쓸 때 3시간 반 이상은 일하지 못한다고 하자 그가 놀랐다. 그 정도가 지나면 나는 더 이상 기운이 없다. 억지로 계속하다간 다음날 반드시 그 대가를 치러야 하기 때문이다.

12월 27일

고든 스튜어트와 빈센트 오설리번이 우리를 차에 태워 캐서린 맨스필드가 작품 안에서 이야기하고 있는 집들을 보여주었다. 우선 카로리에 있는 그녀 가족이 살던 집. 이곳은 〈프렐류드〉에 나온다. 지금은 멕시코 대사관이 자리 잡고 있다. 그 곁에는 사촌들의 집이 있다. 다시 〈첫 무도회〉의 배경이 된 서던의 집을 본 뒤에, 끝으로, 만 다른 쪽, 길에서 조금 떨어져 숲에 숨어있는 작은 집을 가 보았다. 휴가철 가족 별장으로 쓰인 이 집은, 추억들로 아름답게 묘사되어 〈만〉이라는 작품에 등장한다.

우리는 커피를 한잔 하러 갔다. 프랑스에 대해, 파리에 대해 이야기. 빈센트는 어느 날 파리 페르 라셰즈 묘지에 간 적이 있는데 웬 남자가 오스카 와일드의 무덤 위에 엎드려 흐느껴 울고 있더라는 것이다. "오스카, 당신이 필요해, 내게 당신이 필요하단 말이야……." 하면서.

사비에는 럭비에 열정적이다. 오랫동안 선수생활을 하다가 지금은 유소년 선수단을 이끌고 있는데 조금도 허투루 하지 않고 진지하게 작업한다. 그는 아이들에게 가르칠 내용 전부가 수록된 책을 지니고 있다. 아이들은 각자 럭비연맹에서 발급한 수첩을 하나씩 가지고 있는데, 거기에는 훈련 참석 여부를 확인하는 난 말고도, 아이의 경기내용, 능숙도, 최상의 위치가 어디일지 등등을 관찰한 내용도 적게 돼 있다.

사비에는 젊을 때 모로코에 있었다. 스무 살 무렵에 리야드에 일하러 갔는데, 왕궁 부속 건물에 살면서 감히 꿈도 꾸지 못할 수준의 삶을 누렸다. 그러나 항상 누군가가 뒤따르고 감시하는 생활을 견디다 못해 다시 프랑스로 돌아오고 말았다고 한다.

12월 28일 일요일

크리스 레드로의 초대를 받다. 언덕 맨 위에 서있는 그의 집에서 내려다보는 만 풍경은 장려하였다. 은퇴한 크리스는 미소를 짓는 얼굴에 말수가 적었다. 그의 친구 중 한 사람과 이야기를 나누었다. 대단히 호감이 가는 사람. 과학자로서 올블랙스 국가 대표팀의 중위 중앙 담당이기도 했다.

만찬 중에 이런 시가 지어졌다.

사람들이 그를 붙들었다
눈을 뜨기도 전
사람들은 그에게
복종을 강요했다
목덜미를 구부려야 했던

그 시절들 끔찍해라
그러다가 그는 거부하였다
그 앞에 마련된 길에
'아니'라고 말했으니
그리하여 시작된
난파의 시간
삶의 기쁨은 금지된 채
환멸과 기갈의
진창을 지났네
죽음이 그를 움켜쥐고 있었네
그러나 하루하루
그는 투쟁을 멈추지 않고
몇 미터씩 나아갔으니

어느 날인가
이제 포복을 멈추고
단단한 땅 위
곧추서서 걷기를 배웠나니
중요한 것과
우정을 맺고 난 그는,
강한 자가 되었네

12월 29일

소말리아인 택시기사. 그의 얼굴, 그의 목소리는 망명자가 되어 불행해하는, 슬픈 사람의 것이다. 기후, 언어, 음식, 모든 것이 자기 나라의 것과 다르다. 웰링턴에 소말리아 식당이 들어서기에는 동국인들 수가 너무 적고, 서로에게 따뜻한 온기를 느끼게 할 만한 집단을 이루기에도 그들의 수는 너무 적다.

쓴다는 것, 그것은 미지의 것에 자기를 내주는 것, 어떤 일이 일어날지를 전혀 알 수 없다는 것을 의미한다. 이따금 나는 글을 하나 쓰겠다고 채비를 한다. 그러나 그것은 쓰이기를 거부한다. 나는 단념할 수밖에 없다. 또 어떤 때는 나는 아무 것도 기다리지 않는데, 그리고 텅 빈 상태인데, 침묵의 저 깊은 곳에서 수런거리는 소리가 들리고, 단어들이 내게로 오며, 짧은 노트 하나, 시 한 편이 어서 자기를 쓰라고 요구한다.

초저녁 무렵, 뭘 해야 할지 알 수가 없었다. 종일 바람 때문에 머리가 아팠다. 피곤하고, 멍한 상태, 읽고 싶지도 일하고 싶지도 않아 그냥 탁자에 앉아서, 아무런 생각도 없이 그 순간의 텅 빈 상태에 나를 내맡겼다. 두 시간 정도를 침묵 속에 그냥 그대로 있었다. 그러다가 단어들이 어슴푸레한 내면에서 천천히 떠올랐다. 그리고 마침내 손이 그것들을 종이 위에 적어 넣지 않으면 안 되게 되었다. 마치 내가 나서야 할 필요가 전혀 없이, 그 말들이 스스로 내 밖으로 미끄러져 나오기라도 한 것처럼. 물론 그리 쉽게 실타래 풀리듯 말이 나올 수 있었던 것은 거의 쉼 없이 새기고 되새기는 과정이 있었기에 가능하리라.

전혀 예기치 않게 나에게 주어진 그 글은 다음과 같다.

투우사였던 그대, 죽음을 무릅쓴 일도 허다했지. 거기 맞설 수 있는 용기를 갖기 위해, 그대는 우리 누구에게나 그렇듯 그대 내면에도 있는 저 화덕 속 불길로 그 두려움을 다루었지. 그대는 그 과정을 정확히 이야기하고 있어. 경기장에 섰을 때 엄습해오는 고독에 대해, 그리고 줄곧 빠져나가기만 하는 그 무엇을 붙들려고 가능한 한 멀리 나아가는 순간 작가가 빠져드는 그 고독에 대해서도. 이 두 가지 고독을 말하기 위해 그대가 찾아낼 수 있었던 적절한 말들, 그 말들은 다시금 그 뒤를 이을 말이 내게 떠오르게 하여 여기 시 하나 그대에게 드리니,

빠코 오헤다에게

그래
화덕 안에서 계속되는
그 작업은
결코 중단돼서는 아니 되니

불길을 살리고
필요한 것
밀어 넣으며
붉은 빛으로 달아오르게 하리

생각을

녹이고

말들의 돌을

깨뜨리며

말과 생각이

서로 만나

서로 침투하는

저 용암을 얻기 위해

기다림

고독의

고행

말들이

모여들고

흐르기 시작하네

체계 안에

제자리를 잡아가네

12월 30일

《도끼칼의 계절(*Une saison de machettes*)》, 1994년 르완다가 무대였던 인종학살에 대해 장 하츠펠드가 쓴 책. 한 달 동안 매일 9시 30분에서 오후 4시까지, 후투족은 체계적으로 5만 명의 투티족을 학살했다. 겨우 9천 명 정도가 이 살육극을 피하거나 거기서 살아남을 수 있었다. 이전에 쓴 책에서 생존자들을 다뤘다면 이번에는 후투족 학살자들 중 감옥에 갇힌 사람들과 나눈 대화를 적고 있다. 놀랍다! 책 한 쪽 한 쪽 모두를 다 옮겨 적고 싶을 정도. 도끼칼, 몽둥이, 활과 화살, 예외적인 경우에 총, 목을 치고 머리를 으깨며 가슴을 꿰뚫을 방법은 얼마든지 있었다. 어떤 불쌍한 투티족은 도끼칼로 내려치는 순간 바로 죽지 않는 경우도 있었다. 여러 시간을 혹은 여러 날을 고통 속에 죽어가는 것이었다.

후투족 하나가 자전거를 타고 가는 여자의 팔을 내리쳤다. 그러고서 급히 자전거를 뺏어 타고 이 여인이 천천히 죽어가게 내버려 둔 채 도망갔다. 학살 다음에는 약탈이 이루어진다. 그 뒤에는 모든 집이 파괴되거나 불탔다.

공포로 얼어붙을 것 같은 장면들. 인간 사냥의 첫날, 예순다섯 살 된 후투족 노인이 밭일을 하던 중, 도끼칼로 무장한 남자들이 도착하여 노래를 부르며 이 끔찍한 일을 저지르려는 순간을 목격한다. 노인이 그들에게 훈계를 한다. 노인의 권위를 빌려 그들을 진정시키고 살육을 못하게 하려는 것이었다. "두 명의 살육자들이 깔깔대며 다가오더니 그의 말에 대답도 않은 채 도끼칼로 그를 쓰러뜨린다. 그 장면을 목격한 사람들의 말에 따르면 그중에는 희생된 노인의 아들이 있었다. 그는 항의를 하지도, 죽은 아버지의 시신 앞에서 몸을 숙여 바라보려 하지도 않았다. 이 건장한 청년들은 노래를 하며 다시 길을 간다." 통제할 수 없는 힘이 터져나올 때 인간을 사로잡는 저 집단적 광기, 그에 대한 방대한 자료에 추가해야 할, 그런 책 중의 하나.

호주에서는 시골 길을 여행하던 세 청년이 신발과 자전거를 씻으려고 강가에 멈춰 섰다. 악어가 그중 한 명을 삼켜버렸다. 다른 악어한테 쫓기던 나머지 두 사람은 나무에 올라가 피신해야 했다. 하룻밤 하루 낮을 기다리고 나서야, 자식들이 돌아오지 않아 불안해진 부모들이 두 사람을 구할 수 있었다.

1월 2일

2004년은 맑은 여름날로 시작했다. 바람이 조금 불고, 대기는 온화하다. 푸른 하늘, 밝은 햇빛. 미레이유가 리얄 만에 있는 자기 집 테라스에서 친구들과 벌이는 바베큐 잔치에 우리를 초대했다. 프랑스에 살면서 프랑스 국적을 얻은 30대의 뉴질랜드 여성 한 명, 세계일주를 하는 중이라는, 대단히 매력적인 미모—황갈색 피부, 반짝이는 이, 아름다운 눈—의 모로코 여성 한 명, 또 다른 사람들. 보이지는 않지만 가까이 있는 대양.

제일 좋았던 순간은 사람들이 다 떠나고 미레이유의 이웃들과 함께 남아 있을 때였다. 마오리인 한 사람과 그의 아내 그리고 흑옥빛 검은 머리의 예쁜 두 아이. 그는 기타를 치면서 낮은 음성으로 노래를 몇 곡 불러주었다. 그중 하나, 탄생과 죽음을 이야기하는 마오리어 노래. 체구가 크고 억센 그는 140킬로그램, 15년 동안 럭비를 하였다. 조상 중 한 사람은 1835년 프랑스에서 포경선을 타고 온 프랑스인. 그의 이름은 에테였다. 마오리 부족의 한 추장 딸과 결혼하였는데 평생 그곳을 떠나지 않고 살았다. 이 이름을 지닌 마지막 사람이 바로 우리와 이야기를 나누고 있는, 대단히 호감이 느껴지는 이 사람의 어머니였다. 마오리인들은 족보에 관심이 많다. 그는 우리에게 100여 쪽에 달하는 책을 하나 보여주었는데 자기 집 가계도 거기 들어 있었다. 많은 사진들, 그중 에테의 것도 있다. 수많은 그의 자손들의 긴 이름, 그중 적잖은 이름 곁에 짤막한 설명이 곁들여 있다. 이 사람의 부인은 웨일스 개척자와 인도인 이민자의 후예다(그녀의 증조부가 재단사 계급이었다고 한다). 그와 이야기를 더 계속할 수 없었던 게 유감이다.

《놀이의 규칙》 전 4권이 플레이아드로 간행된다는 소식을 들었다. 이즈음도 나는 자주 레리스*를 생각하곤 했다. 아니 더 정확히 말하자면 그의 탄생 백주년을 맞아 국립도서관에서 내게 요청했던 강연에 대해 생각하곤 했다.

나는 인용문들에 의지하여, 레리스가 자기 자신으로부터 결코 벗어날 수 없었다는 것, 장자(莊子)의 표현을 빌리자면, 자신에게서 자신의 자아를 결코 비울 수 없었다는 것을 보여주었다.

나는 이 사실을 감히 밝히기 위해서 내 내면의 완강한 저항을 이겨내야 했다. 이 작품에 대해 그저 찬사를 드리는 것으로 만족할 수도 있었으리라. 그러나 그러기 위해서는 내게

---

* Michel Leiris(1901~1990). 프랑스 작가, 인류학자, 미술비평가.

아주 중요한 의미를 갖는 생각들을 억눌러야 했으리라. 나는 돌려 말하지 않고 그냥 내 생각의 핵심을 전하기로 결심했던 것이다.

어떤 작품의 가치를 평가하려 할 때는 문학적인 것 말고 다른 기준들도 있어야 할 것이다. 글을 쓴다는 것은 자기를 발견하고 자기를 알아가는 방법, 자기를 향상시키고 더 나아지기 위해 노력하는 방법이어야 한다고 나는 생각한다. "선한 인간은 쉼 없이 자기 내면에서 노력한다"고 《역경(易經)》은 적고 있다. 바로 이 끊임없는 엄격한 작업, 그것이 삶을 충만하게 하며, 삶에 의미를 부여하고 삶 안에 조금이나마 빛이 솟아오르게 한다.

책을 펴내는 순간 작가는 자기 독자들과 대화 상태에 들어가고 그들의 삶에 개입하며 결국 그들의 감수성, 그들의 사고에 하나의 흔적을 남기게 되므로, 스스로에게 이런 단순한 질문을 해볼 수도 있지 않을까? 그 많은 사람이 방향을 잃은 채 기이한 삶을 살아가고, 이유를 알 수 없는 불안과 고통에 시달리는 것을 알고 있는 터에, 당신의 글은 과연 조금이나마, 그들을 도와 그들이 혼돈에서, 무지에서, 불안에서 벗어나오게 하였는가? 조금이나마 그들로 하여금 자기 자신과 타인들, 그리고 세계와 더 나은 관계를 맺을 수 있도록 도와주었는가? 자기중심주의, 냉소, 불의, 부패, 폭력 등등이 지배하는 이 세상에서 당신은 인간을 타락시키는 데, 그들의 악한 본능을 더 고양시키는 데 기여하였는가, 아니면 인간을 되살리는 데 기여하였는가? 생기를 불어넣는 말, 그의 고독을 완화시키는 말, 그가 자기 모습을 비춰보게 해주는 말을 그에게 주었는가?

1월 8일

프랑스 대사와 부인이 뉴질랜드 체류가 끝나는 것을 배려하여 칵테일 파티를 열어주었다. 이제 작별할 사람들, 친구들과 인사를 나누게 하기 위해서다. 랜들 작가재단 사람들을 포함하여 모두가 다 와 있었다. 크리스 레드로 부부가 초청에 응해준 것을 보고 기뻤다.

몇 마디 이야기를 해야 했는데, 어쩔 수 없이 마음이 울컥해졌다. 더군다나 사람들 눈가에 눈물이 흐르는 것을 보니 더 그랬다. 이제 막 맺어진 우정이 더 커갈 시간을 갖지 못할 때면, 거기서 생겨난 감정은 아주 빨리 강렬해지는 것이다.

체류가 끝나가는 지금, 내가 여기 올 기회를 갖지 못했다면 잃어버렸을 것이 어느 정도인지 가늠할 수 있다. 아쉬운 마음으로 떠나게 되리라.

나는 내면으로 물러나고
나선형으로 깊어가는
밤은 부드러워라
여름이 다가오는데
나 이제 두려움 없네
그 어슴프레한 아침도
괴로운 기억들로 부패한
피로와 고뇌의 낮도

부드럽고 평온하여라 밤은
이제 더 이상 두려움 없네
나의 빛은
단단한 뿌리를 내리게 되었네

오늘 아침, 하늘이 흐리다. 세찬 비와 강한 바람. 빠를 때는 시속 150킬로미터의 속도로 불어온다. 남쪽섬에 있는 픽턴에 가기 위해 표를 사두었지만, 배 타는 것을 포기하기로 했다. 세 시간밖에 안 걸리는 길이지만, 아내는 제대로 버틸 수 있을지 자신 없어했다.

1월 9일, 아침 늦게

두 시간 정도 만에 바람이 구름을 다 몰아냈다. 해가 비치고 따뜻한 기운, 다시 배를 탈 수 있게 되었다.

1월 10일

기분 좋은 뱃길. 바다는 여러 갈래로 나뉘면서 육지 깊숙이 뚫고 들어간다. 한 시간 가까이 우리는 암벽과 언덕을 곁에 두고 항진했다. 아름다운 풍경들. 미레이유 폴리즈가 우리와 함께 나선 길, 오후에는 산책 대신 바닷가에서 그저 이야기를 나누며 햇빛 속에서 편히 쉬었다.

캐서린 맨스필드의 〈여행〉이라는 작품 속에는 어머니를 잃고 난 어린 소녀 파넬라가 할아버지 할머니와 함께 밤에 배

를 타고 가는 장면이 나온다. 그녀가 묘사하고 있는 웰링턴 항구—칠흑 같은 밤, 양털 창고, 가축 실은 화물차……—는 지금의 항구와는 별로 닮은 게 없다.

1월 11일

이제 다시는 올 기회가 없을 이 나라를 떠난다. 봐야 할 것의 100분의 1도 미처 못 본 채. 남쪽섬의 장려한 산들이며 빙하, 피오르 해안, 빙하 호수, 폭포, 화산, 끓어오르는 진흙의 못, 간헐 온천, 작은 섬들, 옛 광산 지역의 텅 빈 촌락들……. 그러나 아쉬워하지 않으리라. 나는 아름다운 자연풍광이나 명소 대신 사람들과의 만남이 주는 풍요를 택했다. 자기 자신과 바깥 세계에 대해 늘 깨어 있으면, 굳이 장려한 풍경이나 놀라운 경치를 찬탄하러 나설 필요가 없는 것이다. 아주 사소한 것 하나라도 우리 내면에 충격을 줄 수 있으며 우리 생각을 자극하고 풍요롭게 할 수 있는 것이다.

짐을 싸느라 별로 남은 시간이 없는데 예기치 않게 사라가 자기 남자친구와 함께 방문. 키프로스 출신의 그리스인인 그는 어릴 때 뉴질랜드에 왔다.

크고 잘생긴 50대, 호감이 가는 사람으로 회색의 곱슬머리가 빽빽하다.

뉴질랜드에 온 지 얼마 되지 않아 그의 아버지는 자기가 병들었다고 생각했다. 그리고 제 나라에서 죽고 싶다며 키프로스로 돌아가려 했다. 그런데 정작 39년이 지나서야 세상을 떴다고 한다. 달리 말하자면 낯선 땅의 삶이 견디기 어려웠던 것이다.

우리는 제루살렘 이야기를 하였다. 그는 짐 벡스터의 무덤을 보기 위해 그곳에 들른 적이 있다고 한다. 그러나 어디서 찾는단 말인가? 물어볼 만한 사람이 아무도 없었다. 마오리 사람들 집은 하나같이 아무도 살고 있지 않은 듯했다. 한 집 문을 두드려 자기가 찾고 있는 것을 설명하였더니, 문 한쪽을 삐긋이 연 여자가 망설임 없이, 안으로 들어오라고 하며 점심 초대를 해서 세 시간이 지나서야 그 집을 나서게 되었다.

그가 집에 들어서자마자, 무슨 일인지 궁금해진 마오리족 남녀들이 모여들었다고 한다. 조금 전만 해도 아무도 안 보였던 터라, 그는 깜짝 놀랐다. 여기서는 모두가 대마초를 경작하는데, 그를 보고서 다들 경찰이라고 생각한 것이었다.

키프로스에 돌아간 그는 랭보가 살았던 집을 찾아보았다. 거물 정치인이 살고 있었다고 한다. 그가 도착했을 때는 보초가 자고 있었는데, 그가 영어로 이야기를 걸자 개가 그를 보며 짖었다. 그는 아무도 눈치 못 채게 집을 둘러보았다.

못 보고 갈 줄 알았는데 사라가 와준 것은 기쁜 일이었다.

시인이자 화가인 그의 친구와 이야기를 나눈 두 시간은 아주 좋았다. 우리가 카바피,* 카잔차키스, 세페리스 이야기를 하자 그는 아주 기뻐했다. 여기서는 이들 작가를 아는 사

---

* Constantin Cavafy(1863~1933). 사후에 명성을 얻기 시작하여 20세기의 가장 중요한 작가 중 하나로 여겨지는 그리스 시인.

람이 없어서 누구하고도 이야기를 나눌 수가 없었다고 한다.

1월 12일

우리 출발은 아침 이른 시간이었다. 그래도 친구들 여럿이 공항까지 나와 작별 인사를 하였다. 피오나 키드먼 여사, 교외에 살고 있어서 도심을 가로질러 와야 했던 제시, 여덟 살 난 아들 펠릭스—진지한 눈빛에 총명하고 항상 묻고 싶은 것이 많은 아이였다—를 데리고 온 그렉 오브라이언, 최근에 사귄 산드라와 우리의 가까운 벗 엘자. 산드라와 엘자만 마지막 순간까지 우리를 지켜볼 수 있었다. 떠나는 마음이 힘들었다.

1월 12~13일, 싱가포르

몇 시간 기내에서 추웠던 터에 공항을 나서니, 덥고 축축한 대기가 갑자기 우리를 둘러싸며 폐 안으로 들어간다. 몇 초 동안 마치 물 밖으로 나온 물고기 같은 느낌이었다. 몇 년 전 방콕에 도착했을 때 마치 용광로 안에 머리를 들이민 듯 숨을 쉴 수 없었던 일이 기억났다.

사리를 걸치고 양미간에 붉은 점, 발가락엔 금반지를 한 인도 처녀가 길도랑을 치우고 있다. 시선이라도 교환하고 싶었으나 그녀는 이내 눈길을 아래로 숙이고 만다.

사거리에는 신호등이 있고 행인들에게 건너도 좋다는 신호를 보내고 있는 녹색 제복의 키 작은 사람 곁에 붉은 숫자판이 있다. 건너편 길에 당도하는 데 얼마쯤 시간이 남았는지를 초 단위로 보여주고 있다.

중국 시장. 향료와 양념 냄새가 강하다. 카페 담장 바깥 쪽으로 작은 벌집 모양의 장기판이 새겨져 있다. 테라스 쪽 의자에 앉아 음료를 마시던 사람들이 자기 차례가 되면 일어나서 천천히 말을 옮긴다.

인도 시장. 금장식 끈이 달린 아름다운 사리.

하얀색으로 칠한 루르드의 성모 마리아에 바쳐진 성당, 문 위에는 연푸른빛 십자가들이 높이 세워져 있다. 처음엔 놀랐지만 가만 보니 적잖이 아름다웠다.

바로 곁에 있는 커다란 회교사원 역시 크림색으로 칠한 지 얼마 되지 않았는데, 문양은 초록색으로 그렸다. 들어가 보고 싶었지만 시간이 넉넉지 않았다.

넘치는 꽃, 풀, 작은 관목, 큰 나무들. 몇 점의 구름. 부드러운 미풍이 종려잎과 새로 돋는 잎새들을 천천히 흔들고 있다.

갑자기 꿈을 꾸는 듯, 옛날 일본 그림들을 생각나게 하는 광경 하나. 드문드문 잎이 성기고 붉은빛 꽃들이 여기저기 박힌 가느다란 나뭇가지 뒤, 다리 위로, 연보랏빛 양산으로 햇빛을 피하는 우아한 처녀 하나가 사리를 걸치고 나타난다.

시원한 바람을 맞으려 싱가포르 바닷가를 걷다. 중국인 부부 한 쌍과 마음이 통하다. 그러나 단 한 마디도 이야기를 나눌 수가 없었다. 중국어를 하는 영어가 서툰 청년이 통역 역할을 해주었다. 그 중국인은 화가였던 모양이다. 음력설을 맞아 중국인 공동체에서 마련한 전시회에 그림을 걸기 위해 싱가포르에 왔다고 한다. 그는 내게 전시회 도록을 주었다. 내가 보는 바로는 관심을 끌 만한 그림들이었다.

뱃놀이를 하다. 물가에는 식당 테라스들이 늘어서 있다. 젊고 매끈한 얼굴을 한 흰머리의 여인이 프랑스어로 말을 걸어왔다. 아버지는 루마니아인이고 어머니는 캐나다인인데 칸에서 산 적이 있고 지금은 브뤼셀에서 일한다고 한다. 호주에서 한 달 지내려는 참이다. 슬그머니 훔쳐보았을 때는 배짱이 보통을 넘는 여성 같았다. 그러나 그녀의 단호한 모습은 사실 수줍음을 감추고 있었다. 제 나라에서 멀리 떨어져 있다가 우리 말을 하는 누군가를 만나면 금방 즐거워지고 즉각 공모관계가 된다.

아시아 문명을 보여주는 아주 아름다운 박물관에서 두 시간을 보내다. 무슨 이야기를 하기에는 너무 많은 것을 본 셈이다.

호텔 레스토랑. 여러 나라의 아시아인들이 저녁을 먹고 있다. 그 역시 아시아인인 젊은 직원이 음식을 가져와 차려주는데, 누구도 그녀에게 관심을 갖지 않는다. 간단한 표정으로라도 고맙다는 표시가 없다. 하지만 고맙다는 표시를 안 하는 것, 그녀에게 어떤 관심도 보이지 않는 것은 그저 그녀가 그들 눈에 띄지 않아서다.

싱가포르 공항은 규모가 크다. 항공기 운항도 빈번하다. 비행기를 타러 가는 길에 우리는 삼면이 다 보이는 카페 탁자에서 두 시간 정도 앉아있었다. 큰 통로 가까이 있었는데, 여행객들의 물결이 쉼 없이 흐르고 있었다. 얼굴, 눈빛, 거동, 전형적인 옷차림……, 내내 흥미진진하게 그것을 바라보았다. 믿을 수 없을 정도의 다양함! 어마어마하다는 느낌! 헤아릴 수 없이 많은 인간들! 저 넘치는 생명을 바라보다가 얼떨떨해진 내가 정신을 차리고 나니, 왠지 모를 불안이 밀려 왔다. 저 끝없는 인간의 행렬, 그 파도는 나를 압도하여 나라는 존재가 얼마나 사소한가를 느끼게 했다. 정신을 차리고 다시 두 발을 딛기 위해, 삶의 욕구를 되살리기 위해서는 한참 애를 써야 했다.

1월 14일

프랑크푸르트 공항. 날이 밝아오고 있다. 지평선에서 안개 너머로 밝은 점 하나가 빛나더니 순식간에 두 개의 환한 빛으로 바뀐다. 그러다가 착륙하게 될 비행기가 보인다. 조금 전부터는 2, 3분 간격으로 계속 착륙하고 있다.

나는 공항에 있는 시간이 좋다. 마치 경이로움에 빠진 아이처럼 된다. 비행기 동체의 아름다움. 비행기 색깔들. 국적들. 그리고 이 거대한 몸집이 대기 위로 뜰 수 있다는 사실, 중간에 연료를 보급받지 않고도 엄청난 거리를 날 수 있다는 사실을 생각할 때마다 늘 느끼는 놀라움.

한 시간 뒤.

우리 발 아래 착륙해 있는 비행기들을 보며 한참을 생각에 잠겨 있다가, 탑승하러 막상 가보니 우리 비행기는 30분 전에 떠나고 없었다.

피곤했다. 그날 중 다른 비행기를 탈 수 있을지, 리옹 생텍쥐페리 공항에서 우리를 기다리고 있을 친구 기타에게 이 소식을 전해줄 수 있을지 알아보느라 몇 분 동안 정신이 없었다. 다행히 오후 2시에 다음 편 비행기가 있었다. 그래도 다섯 시간을 기다려야 할 참이다.

공항을 여기저기 돌아다녔다. 추웠다. 사람들은 파카를 입고 있는데 우리는 가벼운 차림이다. 식당 겸 카페에서 쉬다. 흑인 종업원을 보는 순간 바로 필리 조 존스*가 생각났다. 이 드럼 연주자를 한 번도 만나보지는 못했지만, 30년 전쯤 그가 프랑스에 정착하러 왔을 때 《재즈 매거진》에 장문의 기사와 사진이 실린 적이 있다. 무엇 때문이었는지 나도 잘 설명할 수가 없지만, 그 기사와 사진들이 깊은 감동을 주어 뇌리에 박혀 있었다. 지금도 인터뷰 기사를 외우고 있을 정도로 말이다. 그 뒤로도 오랫동안 나는 내 세계 안에 자리잡은 이 미지

---

* Philly Joe Jones(1923~1985). 저명한 미국의 재즈 드럼연주자.

의 인물을 수십 번도 더 생각하곤 했다. 그를 생각하면서 이 종업원에게 말을 걸어 보았다. 세네갈 사람. 슬픈 눈매에 피곤한 기색. 독일에서 그는 불행하다. 날씨, 그가 넌지시 언급하는 인종주의, 빈번한 경찰의 검문……. 그가 왜 지낼 만하던 프랑스를 떠났는지 모르겠다. 보수 때문일까? 프랑크푸르트에는 자기 동포가 그다지 없기 때문에 그들과 만나 어울리지 못하는 것이 힘든 모양이다. 그는 불안해하였다. 손님들과 대화하는 것이 금지되어 있어서 행여 책잡히지나 않을까 연신 문 쪽을 쳐다보았다. 프랑스 사람과 이야기를 나눌 수 있어서 기쁘다고 한다.

4월 22일, 리옹

웰링턴에서 멀리 떨어져 있는 지금…… 이제 다시는 이 도시를 찾아가지 못하리라. 그러나 내 마음속엔 그 도시의 빛이, 길거리와 만, 하늘의 빛들이, 윙윙거리고 으르릉거리고 때로는 밤낮으로 울부짖는 그곳 바람의 기억이 지워지지 않는다.

아직 조그만 마을에 지나지 않았을 때 세상 모든 곳에서 개척자들이 그곳에 왔었다……. 그들은 길과 집을 짓고 다시 항구를 그리고 또다시 건물들을 올리고, 이어 초고층 건물들을 짓기 시작했다. 수십 년 전부터 역동적 도시, 그곳은 수도의 역할을 온전히 떠맡기 위해 끝없이 자라고 있다.

그녀가 살았던 길들을 걷기 훨씬 전부터 나는 캐서린 맨스필드의 작품에 매료되었다. 고향에서 멀리 떨어진 채, 생애 마지막 몇 해를 그곳 만과 언덕들을 그리워하다 그렇게 젊은 나이에 죽은 그녀. 그녀 고향에서 지낸 다섯 달 동안 캐서린은 여러 차례 나의 목소리에 그녀의 목소리를 섞어왔다. 그리고 모든 작가의 윤리를 요약하는 이 말을 그녀가 몇 번이나 내게 속삭이는 것을 들었다.

삶에 충실함으로써만
나는 예술에 충실할 수 있다
그리고 예술에 충실하다는 것은
선의, 성실, 단순함, 정직함을 뜻한다

아스팔트가 깔린 보도에는 여기저기 사각형 동판 안에 금속으로 새겨진 글자와 숫자가 보인다.

해안선 1840

푯말은 당시 바다가 어디까지 다가와 있었는지를 보여준다. 그 뒤 두 차례 지진이 있었고 그때 바다 밑에 있던 땅이 솟아올랐다. 그리고 램턴 부두는 지금은 바다에서 한참 멀리 떨어져 있는 고층건물들 사이 중심거리가 되었다.

그곳의 땅은 쉼 없이 진동하고 있고, 그곳 바다는 위험하다. 거친 바람, 풍랑이 심한 바다, 언제일지 알 수 없는 폭풍,

2백 년 전부터 만으로 들어오는 입구에서 수 많은 배가 난파했다.

그러나 비극과 위협이 삶을 질식시키지는 못하는 법.

사람들이 밀리는 시간이면 거리는 평온한 군중으로 가득하다. 함께 어깨를 맞대며 걷고 있는 그들은 새로운 삶을 시작하고자 이곳에 온 남자들 여자들의 후손. 갖가지 다양한 키와 얼굴은 이 나라의 핏줄에 맥박치고 있는 피가 수많은 샘에서 흘러온 피들을 섞고 있음을 보여준다.

지난 다섯 달 동안 이 땅은 내게 많은 것을 주었고 나는 고마운 마음을 간직하고 있다. 그러나 그곳을 생각할 때면 어쩔 수 없이 그 대지에 그리고 그 밑에 숨어 있는 위협을 떠올릴 수밖에 없다. 그러니 나는 속마음으로 이렇게 간절하게 기도를 드린다.

무엇이 다가오든
곧추 서있으라
살아있으라
끝없이 성장하라

고마움을 전하고 싶은 이들

웰링턴 주재 프랑스 대사 마를로 씨, 빌되이 마를로 부인, 로랑 폴롱소와 그 부인 제랄딘 폴롱소, 장 마르크 필립, 로랑스 옥센버그, 산드라 솔다나, 엘자 투얼, 알린 반 루스말렌, 그리고 대사관 직원들께.

렌덜 작가 재단 회원들, 특히 프라이스 가족, 길리언 카메룬, 고든 스튜어트, 피오나 키드먼 여사와 빈센트 오설리번에게.

잔 앤더슨, 존 더베이와 제니 더베이, 로드니 도크와 마릴린 도크, 사라 에삼, 퍼트리샤 그레이스, 마를린 마샬, 제시 먼로, 브렌담 오브라이언, 그렉 오브라이언, 제니 본홀트, 소냐 플렌티, 레일린 람제이, 클로디 파브르-헤이먼, 리처드 태퍼와 애니 태퍼에게.

티에리 리보와 나딘 리보에게.

작가 샤를 쥘리에.

지은이 소개

샤를 쥘리에(Charles Juliet)

1934년 프랑스 엥(Ain) 지방의 작은 마을 쥬쥬리외(Jujurieux) 출생. 아직 젖먹이였던 생후 3개월 때 스위스에서 건너온 농가에 입양되어 자라다가 12세 때 소년군사학교에 입학하여 20세 때 졸업하였다. 이후 군의관을 양성하는 리옹의 군사보건학교(École de santé militaire)에 합격했으나, 입학 3년 뒤 글쓰기에 전념하기 위해 의학공부를 포기하고 작가의 길에 입문한다. 오랜 습작기간을 거쳐 39세에 첫 저서를 간행하고, 1989년 55세에《눈뜰 무렵(*L'année de l'éveil*)》을 발표하여 명성을 얻기 시작했다. 그동안 소설, 시, 희곡, 미술평론, 에세이집 등 40여 권의 작품을 간행했다. 특히《기억의 조각들(*Lambeaux*)》(한국어판 제목은《누더기》) 등의 작품은 프랑스, 벨기에 등에서 중등교육 과정 교재로 쓰이고 있다. 20대부터 써오는《일기》연작은 그가 가장 중요하게 생각하는 작품으로서, 현재 7권까지 간행되는 동안 많은 독자에게 영향을 미쳤다.

옮긴이 소개

최권행

1954년 광주(光州) 출생. 서울대 및 동대학원 불어불문학과 졸업, 스트라스부르 대학에서 17세기 프랑스 소설연구로 문학박사 학위를 받고 현재 서울대학교 인문대학 불어불문학과 교수로 재직 중이다.

17세기 프랑스 소설과 르네상스 시대 작가 몽테뉴, 라블레 등에 관한 논문 외에,《프란츠 파농 연구(*L'œuvre de Franz Fanon*)》,《빠블로 네루다(*Pablo Neruda*)》(공역) 등을 우리말로, 김지하 시집《화개(花開)》를 샤를 쥘리에와 함께 프랑스어로 옮겼다.